MENDIGANDO
¡Un testimonio de **libertad**! *amor*

Lillian Magallie

 Por, Lillian Magallie Cruz, 2019

Dedicatoria

A Dios, mi Padre Eterno, doy la honra y gloria por todo lo que ha hecho y está haciendo en mi vida. Por haber puesto en mi corazón el deseo de exponer y compartir de esta forma experiencias y lecciones de vida en las que he visto su mano obrar a mi favor, con gracia inmerecida y amor inefable.

A mis tres hijos Alberto José, Zaudiannette y Carlos Enrique, quienes han sido mi fuerza y mi razón para luchar. A mis nietos Gaddyell José y Zaulianyx, quienes se ocupan, de una forma espectacular, de llenar mi vida de júbilo y bendición.

A todos los que han estado en algún momento de su vida, mendigando amor…

Agradecimientos

A Dios, el autor del libro de mi vida y quien produce en mí el querer como el hacer, por su buena voluntad.

A mis hijos y nietos por su forma diversa y distinta de expresarme su amor y por ser el motor que impulsa cada segundo de mi vida.

A mi Pastor Eugenio y su amada esposa Lydia, quien ya partió con el Señor, porque además de ser mis líderes espirituales y amigos incondicionales, han sido un gran ejemplo de vida con testimonio del amor de Dios, durante los últimos 30 años.

A Amneris Meléndez, mi editora, por compartir su conocimiento, sus experiencias y por motivar a otros a escribir para convertirse en autores independientes.

A mis cuidadores fieles, mis amados perros Chewie y Trébol, que en paz descanse.

Endoso

Conozco a Lillian Magallie Cruz López desde hace muchos años. Primeramente, como compañeros de trabajo, mientras laboramos en la industria de manufactura de dispositivos médicos. Desde hace unos años, por la gracia de Dios, he sido su Pastor en la Iglesia Cristiana Discípulos de Cristo en Fajardo, Puerto Rico. En su antes y en su después he visto a Dios obrando en su vida y en las vidas de sus hijos. Las historias de vida de Lillian Magallie son historias de esperanza en medio de tanta desesperanza. Historias de lo que sucede cuando una vida es tocada por el amor de Dios, aun en medio de eventos difíciles y llenos de violencia, odio y rencor.

Este trabajo nos presenta el corazón de Lillian Magallie abierto y derramado delante de la presencia de Dios. No hay lugar más seguro que ese. Sus experiencias de vida nos recuerdan cuán grande es el amor y la misericordia de Dios. Sus historias están narradas de manera sencilla y en un lenguaje fácil de entender para todos. Doy testimonio personal de haber visto la transformación que ha hecho Dios

en la vida de Lillian Magallie. Dios la ha sacado del temor para llevarla a la fe, ha roto cadenas de rencor alrededor de ella, haciéndola libre para experimentar su amor. Y lo más hermoso, le ha dado el poder de sentirse completamente perdonada.

Creo que esta obra será de gran bendición para quienes enfrentan obstáculos y piensan que nunca los podrán superar. Lillian Magallie ha enfrentado un sin número de momentos que parecían insuperables. Pero aquí Dios se lleva el crédito y nos muestra, a través de la vida de esta sierva, que TODO es POSIBLE con Él en nuestras vidas.

Le ruego a Dios que cada persona que lea las historias en este libro sea bendecida recibiendo nuevas fuerzas y la esperanza necesaria para seguir adelante en Cristo. Si aún no has abierto tu corazón para buscar a Cristo, este libro es también una invitación para ti. Te invitamos a que le abras tu corazón a Jesús y rindas tu vida a los pies de Aquel que dio su vida por ti. En Él hallarás perdón, vida y paz en abundancia. Si ya caminas con Cristo en tu corazón, te invitamos a que compartas tus historias de fe con otras personas.

"Nadie tiene mayor amor que este, que uno ponga su vida por sus amigos…" (Juan 15:13).

Rvdo. Eugenio Torre Balmaseda

"En nuestro diario vivir sucederán eventos que nos fracturarán, nos romperán y muy probablemente caeremos ante las circunstancias, pero es ahí donde Dios extiende su mano y su silbido apacible comienza a soplar a nuestro favor. Nos levanta y alzamos vuelo, nos desprendemos de aquello que nos ataba, nos levantamos hacia nuevos caminos, nuevos amaneceres llenos de la luz resplandeciente que nos fortalece y nos dirige a un mejor lugar. Nos lleva a los pies del Maestro. Él, con su inmensa misericordia y amor, nos transforma, nos convierte de mendigos a príncipes y princesas de Su Reino. ¡Que el amor sea tu arma!"

-Lillian Magallie

Prólogo

Si en cada momento oscuro de mi vida hubiera podido entender que el principal amor ya había estado ahí para mí, el dolor del sentimiento de abandono, el rechazo, la vergüenza y las lágrimas hubieran sido menos. Crecí entre una mezcla de creencias religiosas que, más que acercarme a Dios, provocaron innumerables preguntas. Al llegar de Estados Unidos a Puerto Rico, a la edad de 9 años, fui enviada a vivir con mi abuela paterna y su esposo, a quien considero mi abuelo. Durante el tiempo que estuve allí, escuchaba que la base de su fe era el catolicismo, pero no eran practicantes.

También recuerdo escuchar a mi abuela paterna narrar cómo una de sus hermanas declaró maldición sobre mi vida por haber nacido niña. Su hermana dijo que maldecía la hora en que yo nací niña, porque las niñas solo servían para ser prostitutas y que yo estaba destinada a serlo. No hubo filtro, no hubo adorno. Cada vez que mi abuela lo contaba repetía la palabra de maldición que, honestamente, yo no tenía interés, ni necesidad de

escuchar.

En casa de mi abuela aprendí a jugar dóminos, briscas, a distinguir lo que era la yerba buena, a recoger los huevos de las gallinas y planchar la ropa. Para ese entonces, mi abuelo paterno estaba construyendo el segundo nivel de la casa y quise aprender. Con mucho amor, me enseñó a mezclar cemento, subir bloques usando una varilla, empañetar, amarrar varillas y usar una cinta métrica; destrezas que en mi adultez me han servido muy bien. Aprendí a hacer mandados y los hacía diligentemente.

Pero un día cualquiera, una persona, ajena al núcleo familiar, me robó la inocencia. A los nueve años viví una de las peores experiencias que una niña puede enfrentar, fui agredida sexualmente. Solo lo supo mi abuela, quien no me permitió contar lo que había ocurrido. Ella decía que debía quedarme callada para evitar una desgracia, pensaba que si mi papá se enteraba de lo que había ocurrido se volvería loco. ¡Qué irónico! Había sido quebrantada, sufría una desgracia personal, pero no podía decirle a nadie. La única opción que me dio fue quedarme en silencio.

Para ese tiempo, visitaba poco la casa de mi otra abuela, mi abuela materna. Un día, hubo una situación, estando de visita en su casa, que provocó mucho malestar en mí y añadió al cúmulo de cosas que me hacían sentir rechazada. En mi opinión, las razones del rechazo eran injustas, lo cual hacía más difícil querer volver a visitar su casa. A los 9 años nunca había visto las patas de gallina y mucho menos sabía que se comían. Un día me las sirvieron en unas sopas y tuve que preguntar qué era lo que había en mi plato. Esta simple pregunta causó un enojo increíble en mi abuela, a tal punto de calificarme con una nueva etiqueta negativa: Lillian era una niña malagradecida. Sentía que ella nunca me iba a querer. Así que, cuando iba de visita a su casa, solía quedarme en el balcón. Con el tiempo, me di cuenta de que el hecho de parecerme tanto a mi padre físicamente le causaba descontento. Pasaba horas escuchando los relatos de mi abuelo materno, con relación a su tiempo de servicio en la primera guerra mundial. ¡Cuánto me hacía reír con sus relatos! Recuerdo que al final de cada visita, bailábamos dando saltos, mientras cantábamos esta canción:

"Mañana es domingo de San Garabito
se casa la gata con el cabo chico.
Juya arrumbambá
cucara mácara titirigüero
juya arrumbambá."

Esos momentos, que compartí con mi abuelo paterno y mi abuelo materno, fueron y representan para mí, lo único alegre de mi niñez. Recuerdo que, a los 11 años, cuando estudiaba el quinto grado en la Escuela Elemental Eugenio M. Brac en Fajardo,

durante el período de almuerzo cruzaba la calle, llegaba a la plaza y caminaba hacia la iglesia católica para observar con detenimiento las imágenes. Observaba lo que se hacía allí y en algunas visitas me mojaba los dedos en la pila de agua bendita y me persignaba, no porque supiera lo que estaba haciendo, sino porque era lo que parecía ser parte del requisito al entrar, pues veía a otras personas hacerlo. Curiosamente, al extremo opuesto de la calle, había una barra frente a donde hoy está el edificio de la alcaldía. A veces entraba, le echaba una peseta a la vellonera y escuchaba "La cuna blanca". Esa canción, dentro de mi limitado entendimiento, hablaba de un angelito que se había escapado. Así que, en mi pensamiento no estaba haciendo nada malo. Iba a la iglesia a medio día, me persignaba, escuchaba la canción del angelito y volvía a la escuela contenta con mi protocolo religioso personal. Tenía 12 años cuando mi madre regresó a Puerto Rico en estado grave, ella y mi hermano menor, habían sido víctimas, una vez más, de una atroz golpiza, pero esta vez habían sido dejados por muertos inmisericordemente. Mi madre siempre ha sido una mujer trabajadora y luchadora, pero también recuerdo que no sonreía mucho; en ocasiones llegaba del trabajo, se iba a su cuarto y lloraba.

Nos mudamos a la hoy día conocida Urb. Rafael Bermúdez en Fajardo, en aquel entonces La Cruv. Cursé el sexto grado en la escuela elemental Pedro Rosario Nieves en Fajardo. En ese tiempo, se

podía caminar sin temor por las calles del proyecto de vivienda, no porque no hubiera narcotráfico, sino porque las cosas de la calle se manejaban diferente a como ocurre hoy. Existía el respeto por la vida, había un código de valores que iban por encima del interés personal y el coraje. Los malentendidos se atendían con la persona involucrada, no con su familia ni con personas que no tenían nada que ver.

Comencé a asistir formalmente a la iglesia a los 12 años, pero todo lo que hacía, era por tradición y guiada por lo que modelaban otros. Comencé a participar junto a mi hermana del programa de radio llamado "El Tren Evangelista". Un programa cristiano dirigido a los niños que salía al aire los sábados. Fui bautizada, por primera vez, en la iglesia a la que asistíamos mi madre, mis hermanos y yo, cuando tenía 14 años. Confieso que no tenía el conocimiento que se debe tener en cuanto a ese proceso; ahora sé que es una decisión de compromiso con Dios. En ese entonces, entendí que solo era un requisito para ser miembro de la iglesia y poder pertenecer a algún ministerio. No pasé por un proceso de discipulado. Estando allí, formé parte de la sociedad de jóvenes y durante ese tiempo ocurrieron varios eventos que contribuyeron a que tomara la decisión de alejarme, no solo de aquel lugar, sino también del Señor.

Había prometido no tocar el tema de lo que viví en mi niñez. En mi adolescencia ya conocía el dolor de las consecuencias que trae el uso de medios como

escapes para llenar vacíos que solo pueden ser llenos con el amor de Dios. Tuve que presenciar los efectos que causó, en una de las figuras de autoridad en mi vida el alcohol, las apuestas, las relaciones tóxicas, la promiscuidad y visitar lugares oscuros para consultar otros medios que nada tienen que ver con Dios. Había vivido situaciones muy difíciles y las tuve que manejar sola, pues no existía, desde mi perspectiva, nadie que mereciera mi confianza; alguien con quien pudiera tener una conversación o ser escuchada. Las personas que se me acercaban tenían un solo fin, sacar ventaja de mis circunstancias. Cada día que pasaba era uno donde el dolor, la tristeza, el coraje, el desamor y el sentimiento de desvalorización crecían exponencialmente.

Decidí alejarme de todos y tomé decisiones al azar que me hicieron sentir cada vez más lejos de Dios. Llegó un tiempo en el que intenté, en varias ocasiones, el suicidio, pensando que así pondría fin a todos aquellos desvaríos saturados de dolor y odio. Odiaba a los que me habían quebrantado, a los que tomaron ventaja de las circunstancias y participaron igualmente como cómplices y me odiaba a mí misma. Vivía albergando ideas de cómo me deleitaría en quitarle la vida a esas personas, si surgía la oportunidad. ¡Cuán ciega estaba y que lejos me encontraba de Dios!

Cuando te apartas de Dios surge esta continua voz acusadora que se encarga de decirte cuán indigno o indigna eres. Te hace pensar que no tienes remedio,

que no eres merecedor del amor de Dios. En los momentos en que consideraba que quizás podía volver a encontrarme con Dios, era cuando peor llegaba la acusación, acompañada del sentimiento de desvalorización irremediable. Creía no ser merecedora de ser escuchada por Dios y pensaba que Él jamás desearía volver a mirarme. Tampoco ayudaba mucho el recuerdo de los mensajes de condenación y castigo que recibí durante mi adolescencia en la iglesia, estos se me habían grabado en la mente y en el corazón. En un intento de alcanzar misericordia, comencé a visitar distintas iglesias. De muchas de ellas salí antes de que comenzara la prédica, en otras me quedaba y escuchaba, pero salía igual a como había llegado, vacía. A los 12 años, Dios me concedió una petición, me otorgó el don de cantar. Sin embargo, a la edad de 17 años, comencé a utilizar ese don para intentar llenar mis vacíos. Empecé a visitar restaurantes y lugares donde hubiera música, entonces pedía una oportunidad para cantar.

En ese tiempo tenía monólogos con Dios, al menos, eso era lo que yo creía. Como yo estaba tan sumergida en el pecado pensaba que, si yo le hablaba, aunque no me contestara, Él me escuchaba. En ese proceso me reconcilié varias veces con el Señor, pero no pasaba mucho tiempo, cuando volvía a caer. No era porque Dios no estuviera obrando, sino porque en mi mente yo no merecía su perdón, ni su amor. Así que yo me juzgaba y condenaba. Que equivocada estaba.

Poco a poco, Dios me mostró su amor en cosas muy sencillas, escuchó mis suplicas, mis oraciones y me levantó.

He sabido lo que es no tener nada, lo que es tener lo esencial y por la gracia de Dios, hoy día, puedo testificar que tengo abundantes bendiciones y no me refiero a cosas materiales, esas son secundarias. Una de las destrezas que aprendí en la escuela intermedia, en la clase de economía doméstica, fue el uso de los patrones y la costura. Esto me ayudó en mi proceso de búsqueda de empleo. En ese momento solo tenía dos trajes de vestir y ambos los había hecho yo, desde su diseño hasta su costura. A mis 21 años, ya tenía un hijo y necesitaba conseguir un empleo. Me llamaron de una compañía manufacturera de electrónicos en el pueblo de Luquillo para ser la secretaria del gerente general. Pasé con éxito las entrevistas y fui reclutada para la posición. Estando allí, pasé una de las peores vergüenzas que puedo recordar. Un día, la gerente de producción me llamó para reunirse conmigo y decirme que mi vestimenta no era apropiada para una secretaria del gerente general; no le gustaban mis dos trajes. Solo pude decirle: "lo siento, es lo único que tengo, pero sé que algún día será diferente".

A muchos no les resulta cómodo expresar la verdad de su situación y de sus experiencias vividas. Solemos avergonzarnos. Nos ocupamos más de escondernos del juicio humano, de lo que pensarán sobre nosotros, que de estrechar la mano para alcanzar el brazo extendido de Dios lleno de misericordia y de amor. Eso es precisamente lo que el enemigo quiere, que nos mantengamos callados mendigando migajas, cuando de lo más profundo de nuestro ser, nuestra alma grita: ¡auxilio!

Querido lector, confío en que el mensaje que encierra este libro sea de ayuda, te bendiga, te guíe a reconocer y aceptar que el verdadero amor está en Cristo Jesús. Que las circunstancias por las que has atravesado, y posiblemente estás atravesando, son temporeras; solo tú puedes decidir si continúas intentando lo mismo que no ha producido ningún resultado diferente o si te abrazas al amor de Dios en el proceso que sacará la mejor versión de ti. Nuestras situaciones difíciles vienen como resultado de nuestras decisiones o de momentos donde somos probados para "pasar en victoria al otro lado". El lado donde conocerás el verdadero amor y la verdad que te dará libertad.

Nadie muestra más amor que quien da la vida por sus amigos… (Juan 15:13 TLA).

Conozco a Dios y soy testigo de que su amor y misericordia son capaces de transformar corazones rotos y rebeldes. Dios es capaz de darle un giro a tu panorama de desolación y convertirlo en un paisaje de plenitud y esperanza. ¡Jesús me libertó y quiere libertarte, si tú se lo permites!

Contenido

Introducción

Dios llegó, me rescató y permitió que me ubicara en el lugar que Él tenía predestinado para mí, como su hija amada. Te puedo asegurar que, si tú se lo permites, porque Él no fuerza nada (para eso nos dio la capacidad de elegir) te guiará para que te ubiques con un corazón transformado por el poder de su infinito amor y su gracia. Hoy puedo tener confianza, brindar amistad, tener oídos para escuchar y la capacidad de decir: te entiendo, te amo, yo estuve ahí. Hoy puedo testificar con libertad las grandes cosas que Dios ha hecho en mi vida. ¡Gracias Dios, porque cuando haces una declaración de inclusión donde dices todo, así es! Nunca fallas, siempre estás presente, jamás nos abandonas, grande es tu fidelidad y tu amor es inefable. Prometiste recogerme y lo hiciste. Cuando en tu Palabra dices "con todo", es verdad, porque Tú no tienes límites, para ti todo es posible. Me levantaste, sabías que no tenía las fuerzas para seguir, no entendía muchas cosas y mientras analizaba, y buscaba soluciones, más me hundía. Me guiaste, no tenía sentido de dirección; de tanto caminar me dolía el alma y lo que quedaba en mi corazón ya era difícil de expresar, aunque fácil de ver. Gracias, porque antes de recogerme, de llenarme con tu inmensa paz y de tu puro amor, yo me encontraba mendigando amor...

La herencia

"Porque todos los que son guiados por el espíritu de Dios, estos son hijos de Dios. Pues no habéis recibido el espíritu de esclavitud para estar otra vez en temor, sino que habéis recibido el espíritu de adopción por el cual clamamos ¡Abba Padre! El espíritu mismo da testimonio a nuestro espíritu, de que somos hijos de Dios. Y si hijos, también herederos; herederos de Dios y coherederos con Cristo, si es que padecemos juntamente con él, para que juntamente con él seamos glorificados". Romanos 8:14-17

Te adelanto que si me acompañas durante cada capítulo de este libro, alcanzarás a entender por qué sentí en mi corazón escoger este escrito como el primero en ser publicado. Soy la segunda de 4 hermanos de padre y madre; digo esto porque mi madre me contó que tuvo un embarazo antes de yo nacer. Tuve una niñez que no considero normal y como consecuencia de las experiencias vividas en ese tiempo crecí con grandes temores, quebrantos e

inseguridades. Crecí con el deseo inmenso en mi corazón de prepararme académicamente y dediqué mi mayor esfuerzo a concentrarme en mis estudios, esa era mi mayor terapia. Me sumergía en los libros, completaba las tareas y proyectos con mínima o ninguna ayuda. Eso me hacía sentir bien, me motivaba a seguir luchando por alcanzar esas metas que me llevaban a soñar y planificar mi futuro. Ese futuro se vio en riesgo de no ser cumplido a consecuencia de malas decisiones, comportamientos autodestructivos que obedecían al dolor tan grande que llevaba dentro de mi corazón. Quiero compartir contigo las más grandes experiencias que he vivido desde que decidí reconciliar mi vida con Dios y dejar que su Espíritu me guíe en este proceso. Ese espíritu de Dios me libró de la esclavitud del temor, me mostró y me muestra cada día, dando testimonio a mi espíritu, que soy hija, su hija. Soy heredera de Dios y coheredera con Cristo de los más valiosos tesoros que puede llegar a tener un ser humano: fe, paz, transformación, redención, amor, gozo, salvación, libertad, consejos sabios, perdón, cobertura, sanidad, entendimiento, plenitud, fortaleza, consuelo, dirección, milagros, victorias, gracia, un lugar seguro y la garantía de la vida eterna.

Ya que has decidido leer este libro, te invito a separar tiempo y dedicar unos minutos a reflexionar. ¿Cuánto tiempo has estado estacionado en el mismo lugar? El lugar de la duda, del dolor, del rencor, de la autodestrucción, de hundirte en pensamientos negati-

vos, de la culpa, de intentar lo mismo y no ver resultados diferentes. Te tengo una buena noticia. ¡Puedes moverte y salir de ahí! Comienza a caminar, paso a paso, un día a la vez.

Juan 1:12 dice: *"Mas a todos los que le recibieron, a los que creen en su nombre, les dio potestad de ser hechos hijos de Dios".*

Tener la potestad de ser hecho hijo de Dios y que tu vida sea transformada, depende de ti.

¡Atrévete a rescatar tu herencia!

¡No temas!

"No temas, porque yo estoy contigo; no desmayes,
porque yo soy tu Dios que te esfuerzo; siempre te
ayudaré, siempre te sustentaré con la diestra de mi
justicia". Isaías 41:10

Mi madre había regresado a Puerto Rico con
mi hermano menor, para reunirse con mi hermana y
conmigo. Mi hermana y yo vivíamos separadas, ella
en casa de nuestra abuela materna y yo en la casa de
nuestra abuela paterna. Cuando mi mamá volvió,
comenzamos a asistir a la iglesia. En ese tiempo, yo
no era muy conocedora de la Palabra de Dios, más allá
de escuchar y tratar de entender los mensajes de juicio
y de condenación en el lugar donde nos congregá-
bamos. Pasé por eventos muy traumáticos durante mi
niñez. Eventos que incluyen maltrato verbal y físico,
por parte de mi padre, la falta de acción por parte de
mi madre, lo cual me hacía sentir que prolongaba el
dolor del maltrato y un quebrantamiento sexual a los
9 años. Posteriormente, en el proceso de análisis de

mi vida, llegué a creer que mi madre había selecciona-do proteger a mi hermana al enviarla a casa de mi abuela materna y eso me hacía sentir que no era amada y que fui abandonada. No recuerdo haber sido abrazada ni recibir muestras de afecto de mis padres.

Mi adolescencia no fue muy diferente y aunque ya no tenía el maltrato físico y verbal de mi padre, sentía que no podía cargar a mi madre con mis dudas y la manera en que me sentía, así que preferí callar. No tuve con quien hablar de mis temores, de mi dolor. Incluso en la iglesia viví situaciones muy dolorosas. Recuerdo que había un hombre que se paraba detrás de unas escaleras y comenzaba a masturbarse para que lo viera. Hubo ocasiones en que varios jóvenes adultos de la iglesia, intentaron tocarme y manosearme; se burlaban de mí dicién-dome que, si yo hablaba, ellos dirían que yo lo consentía. Entre ellos alardeaban de lo que me hacían o intentaban hacerme. Yo realmente no entendía el porqué de tanto abuso.

Vivía cada día de mi vida aterrorizada, no confiaba en nadie, no quería hablar con nadie. Yo no entendía lo que sucedía, solo anhelaba que esos recuerdos se borraran de mi mente. Sentía vergüenza por cosas de las cuales yo no tenía ningún control y que habían sido producto de eventos planificados y controlados por personas con mentes enfermas. Intenté aceptar, en varias ocasiones, relacionarme con jóvenes varones que tenían temor de Dios en su

corazón, pero en mi condición dañada por el dolor, no sabía distinguir ni valorar cuando los sentimientos eran genuinos. Estaba llena de mucho coraje, ira y dolor.

Ningún ser humano debe pasar por estas experiencias, pero, si como yo, las has pasado, no debes vivir condenándote. Durante mi adolescencia terminé recluida en el *Professional Hospital* en Santurce, a consecuencia de un episodio de Cetoacidosis, producto de mi rebeldía al no querer aceptar el diagnóstico de Diabetes Mellitus Tipo I. Recuerdo que ese día, no me administré la dosis de insulina correspondiente y en la escuela me dediqué a comer la mayor cantidad de dulces que pudiera. Intentaba demostrar que ese diagnóstico no era correcto; que yo no padecía "esa terrible enfermedad". Quería demostrarle a todos los que habían declarado que yo no iba a poder tener hijos, que me iba a quedar ciega y que me iban a amputar mis piernas, que estaban equivocados. Aunque reconozco que no me importaba si vivía o moría, la realidad es que no tenía ninguna esperanza.

El técnico de rayos x, durante mi proceso de hospitalización en el *Professional Hospital* no me entregó una bata para cubrirme, sino que me dijo que me quitara la ropa y comenzó a tocarme. Salí de allí histérica y tuvieron que moverme a intensivo. Solo tenía 14 años y ya mi quebrantamiento iba a pasos agigantados, me sentía tan indigna. Sentía que para

ser amada y valorada era menester acceder a las caricias indeseadas. En este proceso, sentía repulsión, que no tenía valor alguno y que nadie me amaba. Esa hospitalización fue a consecuencia de mi primer intento de suicidio, ya que intencionalmente no usé la insulina y consumí dulces al punto de querer provocar mi muerte y acabar con mi dolor.

Hoy puedo admitir mis errores con arrepentimiento en mi corazón, ya le pedí perdón a Dios por no haberle entregado todo ese dolor. Escribo este capítulo con mi fe puesta en Cristo, pidiéndole al Espíritu Santo de Dios que en este día abrace tu ser. Debes saber que, si has pasado por alguna circunstancia similar, para que seas libertado de esa carga que siente tu corazón y tu espíritu tienes que perdonar y dejarle al Señor todo ese dolor, todos esos pensamientos que no ayudan. Debes entregarle a Él todas esas experiencias incorrectas e injustas y pedirle que, de hoy en adelante, sea Él quien te guíe y transforme todo en experiencias que sean de crecimiento para tu vida. Sé que piensas que no es fácil, y créeme, lo sé. Pero conozco a un Dios que todo lo puede, que no podemos esconder nuestros pensamientos de Él, pues es omnisciente, todo lo sabe. En su plan para tu vida no hubo, ni hay, diseño de mal, así que no permitas que ningún pensamiento negativo se albergue en tu mente con relación a lo sucedido. Basta con que le entregues a Él tu corazón y que pongas en Él tu confianza. ¡Dios es fiel, nunca

falla, promete en su Palabra sustentarte con la diestra de su justicia! Medita sobre esa gran promesa de Dios para ti. No te culpes, no te desvalorices, levántate. ¡NO TEMAS!

¿Puedo darte un abrazo? ¿Puedo volver a verte?

"Por amor de mis hermanos y mis compañeros Diré yo: La paz sea contigo". Salmo 122:8

Era una mañana hermosa de esas en las que las orquídeas florecidas tienen un color más intenso que el de costumbre, sientes que el viento es apacible y sientes que tu Padre Celestial se lució con esos hermosos detalles para llamar tu atención. Tenía cita médica, así que salí al patio como acostumbro cada mañana, me senté en uno de los bancos del gazebo, hice mi devocional, luego me preparé, desayuné y salí puntualmente a mi cita. Al llegar a la oficina del médico tuve un gran recibimiento, uno que me hizo sentir muy especial.

Había solo una silla disponible y frente a mí estaba sentado un niño de 7 años a punto de terminar

un hermoso dibujo que se disponía luego a colorear. Inesperadamente, el niño se levantó de su silla, literalmente corrió hacia mí y me dijo: *"Mira, este es mi dibujo, ¿te gusta?"* Lo miré con detenimiento, pues era un dibujo muy particular, muy elaborado con figuras geométricas y le dije: *"Oye, eres un artista, está precioso tu dibujo. Sí, me gusta mucho"*. Volvió a su silla y seleccionó meticulosamente los colores con los cuales elaboraría su dibujo. Al cabo de un rato de espera, mientras el niño ya estaba coloreando su obra de arte, la señora sentada a mi izquierda me miró y me dijo casi susurrando: *"Él está con nosotros, pero me angustia pensar que se lo llevarán a otro lugar y que allí no sea tratado con amor"*. Mirándome con una ternura que puedo reconocer y que conmovió mi alma, pues así miramos las madres y las abuelas, continuó su relato diciéndome: *"Él ha pasado por mucho, la policía lo rescató cuando tenía 5 años, lo encontraron en las calles buscando comida en los zafacones. Tiene más hermanos, su mamá no los puede tener porque es adicta y su papá no los quiere"*. A medida que la señora continuaba su relato, el niño regresaba a mí para mostrarme su obra de arte, cada vez más completa en cuanto a los colores.

Llegó el momento en que llamaron a su esposo y ella me preguntó si podía observar al niño, mientras acompañaba a su esposo para hablar con el médico, a lo cual acepté. Ya me había convertido en

la admiradora de su obra de arte en progreso. El niño se reubicó en la silla a mi lado y me hizo varias preguntas: *"¿Cómo te llamas?, ¿Dónde vives?"* No bien había contestado su segunda pregunta, cuando con una curiosidad asombrosa me preguntó si conozco cómo llegar a un pueblo aledaño. Normalmente, no suelo contestar una pregunta con otra pregunta, pero en ese momento, imaginando cual sería la contestación, lo hice. *"¿Por qué te interesa saber si sé llegar a ese pueblo?"*, le cuestioné. A veces, no estamos preparados para escuchar las contestaciones a ciertas preguntas. Ciertamente, esta fue una de esas veces. El niño con todo su entusiasmo me dijo: *"Porque mi papá vive en ese pueblo y yo quiero encontrarlo, ¿sabes cómo llegar?"*

Quisiera poder explicar con palabras lo que sentí; fue uno de esos momentos en los que solo puedes respirar hondo, tragar, pestañar de corrido para no irrumpir en llanto y pedirle a Dios que te dé la contestación. Tantos recuerdos llegaron a mi memoria de mi tiempo de niñez y en ese proceso solo pude hablar en silencio con el autor del plan de ese gran encuentro diciéndole: *"Dios mío por qué me quejo por el dolor de mi niñez si, a pesar de haber sido quebrantada, tuve un techo, tuve alimentos, tuve una cama donde descansar"*. Es admirable cuando Dios nos confronta con nuestro dolor, porque lo hace con un amor indescriptible. Me sentí afortunada.

Después, salieron de la oficina del médico sus cuidadores y el señor en esta ocasión me preguntó: *"¿Cómo se portó?" "Excelentemente bien",* le dije. *"Pero tiene una curiosidad por visitar un pueblo aledaño, al cual de repente se me ha olvidado cómo llegar".* Miré al niño nuevamente y le dije: *"No te preocupes porque el día oportuno llegará en el que podrás hacer la visita que quieres hacer. Mientras tanto, sigue dibujando y pintando esas obras de arte hermosas, tienes mucho talento. ¿Me permites hacer una oración por ti?"* Me miró fijamente y me dijo que sí. Oré por paz para él y para sus cuidadores, di gracias a Dios por la bendición de conocerlos en ese día. Le pregunté: *"¿Puedo darte un abrazo?"* Asintió con su cabeza y me abrazó fuerte e inmediatamente me preguntó: *"¿Puedo volver a verte?"*

Querido lector, te pido que incluyas en tus oraciones a los niños y adultos quebrantados. Oremos confiando y creyendo en que, por el poder y la autoridad de Cristo Jesús, ¡serán alcanzados, restaurados, sanados y usados por Dios para testimonio de su gloria!

Mi mayor bendición

"He aquí herencia de Jehová, son los hijos; Cosa
de estima el fruto del vientre. Como saetas en mano
del valiente, Así son los hijos habidos en la
juventud". Salmo 127:3-4

Durante mi adolescencia fui atacada con
palabras negativas, las cuales muchas veces vinieron
de los "hermanos en la fe". Ellos expresaban que por
mi condición de diabetes no viviría mucho tiempo,
que sufriría amputaciones, que no podría tener hijos
y lo hacían con un nivel de convicción que me atrevo
a describir como inapropiado. Sus comentarios
abonaban a la abundante siembra de temores en mi
vida. Desde que escuché estas declaraciones, totalmente erróneas, tanto en su contenido como en su
expresión, aumentaba dentro de mí el desaliento,
pues en mi propia ignorancia desconocía el amor tan
grande de Dios por mí y cómo su perfecto plan ya
había sido escrito en su libro para mi vida, con
pensamientos de bien y no de mal para darme un

futuro de esperanza como dice su Palabra en Jeremías 29:11.

Durante mi juventud enfrenté mucha confusión, pues lo que veía y escuchaba no era compatible con ser parte de una familia cristiana, tanto en mi familia biológica como en la familia de la fe. Veía que la versión editada en la iglesia no era congruente con la que se vivía fuera de ella. Es fácil ofrendar para las misiones, diezmar y orar por los enfermos, pero ¿cómo le llevamos el mensaje de salvación a través de nuestros actos y nuestras palabras a los que tenemos más cerca? Me fui alejando de Dios y no hubo nadie de mi familia que se sentara a dialogar conmigo. Cuando nos encontrábamos casualmente no perdían la oportunidad de decirme: *"Sabes que Dios te ama"*. Muchas veces sentí el deseo de preguntarles: *"¿Y tú, me amas?"* Pero me reservaba la pregunta, porque entendía y me convencía al paso del tiempo de que uno no puede expresar ni dar lo que no siente. Había preferencia en el trato hacia mi hermana y eso me hacía sentir muy mal, aunque en mi corazón me alegraba por ella, porque no tuvo que pasar por ninguna de las situaciones que me tocó pasar a mí. Muchas veces escuché, a manera de repudio, que físicamente me parezco a mi padre. Mi hermano era el querendón, pues por haber tenido la experiencia de la golpiza a su temprana edad, siempre lo protegíamos. Nunca escuché un "te amo" o al menos un "te quiero", ni recibí un abrazo afectuoso. Las manifestaciones de afecto que recibí en ese tiempo no eran las que necesitaba y mucho menos las quería de las personas que las recibía.

Por otra parte, había gran variedad de caracteres en cuanto a los "hermanos en la fe", unos con el "don de juzgar", otros tan santos que no podían ofrecer afecto fraternal y otros muy fieles, pero no a Dios, sino a la figura pastoral del momento. Pasé un año completo en disciplina por no diezmar. Cumplí el año, pero luego decidí alejarme totalmente de todo lo que tuviera que ver con la iglesia. Comencé a salir con varones inconversos, me sumergí en vicios y pecados. Pensaba que la forma de ganarme el afecto o el amor era accediendo a tener relaciones íntimas, aunque no las deseara. Anhelaba que, en algún momento, alguien me dijera que me quería, o que me amaba y que era valorada.

Experimenté sentimientos de abandono, de falta de amor y de condenación, que me llevaron a tomar malas decisiones. Estas decisiones me llevaron a una vida lejos de la voluntad de Dios. Experimenté la promiscuidad, el alcohol y las drogas. Hoy reconozco que, a pesar de las circunstancias, pude haber tomado mejores decisiones. Quiero compartir una experiencia en particular, como testimonio de que ciertamente cuando estamos atados en el pecado, el enemigo ha alcanzado una vida y se siente en la autoridad de reclamar victoria. Me encontraba en una habitación y cuando miré, en el fondo, vi una

gran oscuridad y la figura de un hombre, pero no cualquier hombre. Este era de aspecto agradable a la vista, tenía un semblante de satisfacción y sonreía a carcajadas, sus ojos eran rojos como el fuego y aunque sentí miedo, le pregunté: *"¿Quién eres y qué haces aquí?"* Me dijo: *"Soy Satanás y vine a decirte que eres mía"*. Lloré amargamente y me cubrí el rostro. Entre sollozos le dije: *"Te tienes que ir, eres un mentiroso"*. A partir de ese momento, intenté alejarme del pecado, pero sentía que me hundía más. No veía la iglesia como el lugar donde pudiera ir a buscar ayuda, pues habiendo estado en una, mi experiencia fue muy desagradable y mientras más lo pensaba, confirmaba que muchas de las personas que estaban en la iglesia necesitaban un verdadero encuentro con Dios.

Recuerdo haber escuchado que una de las jóvenes de la iglesia entró a la oficina pastoral y encontró al pastor besándose con otra joven. Si bien es cierto que nuestro enfoque al ir a una iglesia es buscar de Dios y no mirar a los demás, también es cierto que el trigo crece con la cizaña. En nuestra gestión cristiana, vamos a encontrar personas que están en niveles espirituales distintos; con ninguno de ellos debemos compararnos, pues la salvación no es una competencia. Si necesitas un estándar de comparación que sea con Jesucristo, buscando cada día ser más como Él. La salvación es individual, no se hereda, es ofrecida por Dios, quien nos amó y nos

ama tanto que ofreció la vida de su hijo Jesucristo en sacrificio por ti y por mí. Debemos mantener nuestra mirada en Cristo y orar por todo y por todos. Esa es nuestra responsabilidad, el Espíritu Santo de Dios se encarga de transformar y cambiar; es menester que procuremos la disposición a ser transformados y cambiados. Hay procesos que dolerán, porque a veces intentamos aferrarnos a cosas o personas que debemos soltar y dejar ir. Es como tener un salva-vidas que tiene muchos parches y, poco a poco, se va desinflando y prefieres creer que estar agarrado a eso te da un sentido de seguridad, que saldrás a flote, pero luchas con la voz que te dice de continuo: *"Suéltalo, te estás hundiendo"*.

Posiblemente, en este momento, hay personas muy jóvenes pasando por situaciones similares, desorientadas, sin respuestas y alternativas que le brinden una salida a su dolor. Oro a Dios para que sientan el estímulo de acercarse cada día más a Él, a retarse a sí mismos a perdonarse, amarse y ser mejores. Debemos reconocer que si entregamos nuestro dolor a Dios y permitimos que Él sea quien dirija nuestros pensamientos y nuestros planes, nos ayudará a vencer nuestros temores e inseguridades. Nos guiará con pasos firmes y seguros, nos llenará de paz y cambiará nuestro llanto en alegría.

El día que me fui de mi casa, por razones que prefiero no detallar porque fue parte de mi decisión al perdonar lo sucedido y a las personas involucradas, me llevé solamente lo que tenía puesto. Esa triste experiencia me llevó a dormir en un carro, a no tener nada (y cuando digo nada es literalmente nada). Luego conocí a mi primer esposo, mientras estudiaba en la universidad. Me casé muy joven, a los 18 años, creía que eso me daría la seguridad de un hogar. Escuché tantas promesas que me las creí y pensaba que llegaría a ser amada y valorada. Hubiera podido desistir y procurar que el matrimonio se declarara nulo porque había falsificado mi fecha de nacimiento para que me casaran, pero mi terquedad en ese momento y mi deseo de estabilidad en alguna área de mi vida me condujeron a seguir luchando en esa relación. Viví 5 años de mi vida conformándome con migajas, después de todo, era mejor que dormir en un carro. Yo nunca había visto ni sabía lo que era una letrina, allí lo aprendí. Me llevó al campo a vivir a la casa de su abuela, una anciana hermosa y muy humilde que veía luces por su nieto, y que trató de ayudarlo hasta el último día de su vida. ¡Dios me libró de muchos peligros! Pude haber sido arrestada. Mi esposo había robado el vehículo que tenía y muy sagazmente me pedía que lo condujera, sin yo saber que era robado. Además, debido a mis ataduras con el pecado sentía que era merecedora de eso. De esa relación nacieron mi primer hijo y mi hija. Puedo decir que fueron cinco años de muy pocos momentos alegres y demasiados fueron tristes y difíciles, donde abundaba la escasez y sobreabundaba el pecado.

Cuando intentamos alcanzar felicidad en personas, lugares o pertenencias y no tenemos a Dios como el centro de nuestras vidas, cada intento es inútil, pues el vacío que se siente cada vez es mayor. *"Engañoso es el corazón más que todas las cosas, y perverso; ¿Quién lo conocerá?"* (Jeremías 17:9). Las decisiones basadas en la ilusión de nuestro corazón pueden llevarnos a consecuencias peores. Muchas de ellas nos llevan al estado de bancarrota espiritual. He aprendido que mi pobreza en espíritu me lleva a reconocer cada día que dependo más del amor, de la gracia y de la misericordia de Dios para vivir.

Conseguía trabajos a tiempo parcial, pero no era suficiente para todo lo que necesitábamos mis hijos y yo. Si alguna vez has escuchado un refrán que dice que lo que mal comienza, mal termina, pues puedo dar fe de que así fue con esa relación. Cuando terminé esa relación mi hijo tenía 2 años y 1 mes y mi niña 6 meses. La única alegría que traía esperanza a mi vida era verlos cada día y luchar por darles todo lo mejor que yo podía en ese momento de mi vida. Gracias a Dios nunca les faltó el alimento, la cobertura y un hogar seguro donde dormir. Por la gracia de Dios, dos años más tarde, tuve la bendición de conseguir un trabajo a tiempo completo. Esto me ayudó a continuar siendo el único medio de provisión para las necesidades de mis hijos y moverme a tener la valentía de terminar mis estudios universitarios

conducentes a un bachillerato en Administración de Empresas con concentración en Gerencia.

A los 24 años, conocí a quien luego fue mi esposo y padre de mi tercer hijo, mi segundo hijo varón. Agradezco a Dios porque, a través de Él, mis hijos mayores pudieron conocer el amor de un padre que, aunque no biológico, trataba de funcionar como si lo fuera. Le agradezco por armarse de valor para aceptar y enfrentar lo que considero fue el mayor reto de su vida, ayudarme a criarlos en un tiempo en que desconocía por completo el rol y la función de ser padre. Doy gracias a Dios por el tiempo que estuvimos juntos, 15 años en total. Por las lecciones aprendidas, por las victorias alcanzadas, por los paradigmas rotos y por qué no, por el dolor del final que nos llevó a aprender a ser mejores y tener la capacidad de perdonar y seguir adelante. Agradezco al Espíritu Santo por la sanidad de mi alma, mi corazón y mi mente, porque en el perfecto tiempo de Dios me capacitó y ayudó a perdonar para seguir adelante.

Mis tres hijos, han sido y son como saetas en mis manos, por y con los cuales Dios me ha llenado de valentía y me ha llevado a luchar y a ganar muchas fuertes batallas. Son herencia de Jehová y por su gracia los recibí en mi vida. Cada uno de ellos tiene sus particularidades, sus virtudes y por supuesto sus defectos. El enfoque principal en mis oraciones por ellos es que por ser herencia de Jehová son bende-

cidos y llenos de su favor, de su amor y de su poder para vivir la vida que Dios escribió en cada uno de los libros de sus vidas; vidas de victoria, de alegrías, de amor, de salvación y de vida eterna en Cristo.

¡Cosa de estima, el fruto del vientre! Me enseñaron a ser madre, pues con cada uno la experiencia de la maternidad es diferente y me llevan cada día a entender cuán hermoso es el amor de Dios hacia nosotros, sus hijos y cuán grande son sus cuidados. Aprendí que como dice el Salmo 147:3 *"Él sana a los quebrantados de corazón, y venda sus heridas"*. Te invito a entregarle a Jesús en oración tus quebrantos, tus heridas, tus circunstancias, tus resultados, tus decepciones. Decide seguir adelante, camina con firmeza, alza tu cabeza, cuenta tus bendiciones. ¡Dios es maravillosamente bueno y sus planes para tu vida son de bien, créele!

Tengo dos coronas

"Corona de los viejos son los nietos, y la honra de los hijos, sus padres". Proverbios 17:6

Por mucho tiempo escuché decir que uno ama más a los nietos de lo que ama a sus hijos. En un intento de aclarar la esencia de ese sentimiento tan especial y reconocer que no es un amor mayor que el que se tiene por los hijos, escribí este capítulo. Este amor por los nietos es uno que viene otorgado como un galardón por Dios para traer a nuestras vidas, en el tiempo de vejez, cuando nuestro vientre no puede concebir ni dar a luz, un nivel de alegría inexplicable. Leo ese versículo bíblico y pienso en cuánto se deleita Dios en consentirnos, aun cuando remotamente tendemos a pensar en ser consentidos, en particular cuando nos desvivimos y pasamos la mayor parte del tiempo consintiendo a los demás. No puedo obviar la segunda parte del versículo que nos exhorta a ser la honra de nuestros hijos. Es una invitación importantísima a evaluar nuestras

gestiones y acciones cada día, en el proceso de ser padres y madres, de manera que cumplamos con la encomienda de Dios en su estándar de valores fundamentados en su amor.

A veces y en el tiempo menos esperado, porque todo parece estar perfectamente bien, enfrentamos situaciones de las cuales surgen sentimientos de inhabilidad, de derrota, de incapacidad y desesperanza. Peor aún, cuando, por años, has luchado como lucha un súper héroe, venciendo tus propios temores, repitiéndote a ti mismo el discurso: "Tú puedes, tú eres capaz, tienes las destrezas, el conocimiento, las herramientas, tú vales, este no es el final".

El año 2006 comenzó de esta manera, con un panorama totalmente contrario al éxito que por muchos años de esfuerzo, sacrificios y arduo trabajo había alcanzado. Fui sacudida en el área que más descuidamos, la salud. Recibí diagnósticos terribles: un infarto, fibromialgia, Bi-rads con Categoría 4, depresión severa, me sometí a tratamientos y también tuve recaídas.

Para finales del año 2007, precisamente el día de mi cumpleaños, mi hija había concebido en su vientre a mi primera corona. Confieso que me cayó de sorpresa que el novio de mi hija dijera que no estaba preparado para ser papá y no entendía muchas cosas que estábamos viviendo en ese momento. Los padres nos desenfocamos, tratando de entender lo que no nos corresponde entender. Solo debemos

entregarle todo a Dios y tener paz, seguridad, confianza y esperar a que Él nos revele su propósito. Por supuesto, somos humanos, somos padres y queremos proteger a nuestros hijos, queremos ver sus sueños realizados y transferir a ellos algunos de nuestros propios sueños. Faltamos al deber de reconocer que, antes de haber sido heredados a nosotros por Dios, son sus hijos.

Me atrevo a llevarlo en analogía a la parábola de los talentos. Dios nos mira con agrado y selecciona darnos un talento, o sea un hijo o hija. Descuidamos nuestro enfoque, sabiendo que ya ese hijo o hija viene con unas características únicas, definidas y diseñadas por Dios para cumplir el propósito para el cual lo creó y lo puso a nuestro cargo. Si entendemos cuán valioso es ese talento para Dios, surgirá nuestra capacidad y nuestra labor, la cual debe ser dirigida por Él para llevar a cabo la función de servicio que nos encomendó en el proceso de ser padres y madres. Dios envía a nuestros hijos para otorgarnos una valiosa idea de cuánto amor y misericordia nos tiene como hijos y nos envía a los nietos para validar lo que aprendimos en ese proceso.

Tuve la oportunidad de acompañar a mi hija en algunas de sus citas prenatales y en el día del nacimiento de mi nieto mayor. En primera fila, justo al lado del obstetra, estaba yo, lista para recibir en mis brazos a mi primera corona. Mi primera corona me cambió el nombre. Desde que comenzó a hablar me llama Tata. Tres años más tarde, nació mi segunda corona, una hermosa niña, que mientras más la miro, más confirmo lo mucho que se parece a mí físicamente; aunque confieso que tiene una chispa y una energía admirable. Tiene cada detalle para demostrarme su amor, continuamente sorprende mi corazón. Se ríe a carcajadas de mis intentos de baile y de vez en cuando baila conmigo en complicidad. Aprendió de su hermano, así que mis dos coronas me llaman Tata. Saben muy bien que soy su abuela y aunque he tratado de explorar la posibilidad de que me llamen abuela, siempre soy Tata. Es gracioso como, inclusive, han tratado de convencer a otros miembros de la familia a que me llamen Tata, ¡porque yo soy Tata!

Mis dos primeras coronas llegaron a mi vida para traerme nuevas fuerzas, esperanza, alegrías, risas y la bendición de sentir cuán grande es el cuidado y el amor de Dios a través de ellos. Al momento de escribir esto pienso e imagino cómo serán mis próximas coronas... y sonrío porque conozco que "la bendición del Señor es un tesoro; nunca viene acompañada de tristeza", como enseña Proverbios 10:22 (TLA). Procuremos que nuestro enfoque esté en el propósito y el plan de Dios y no permitamos que las circunstancias nos entretengan y nos desenfoquen. Lo que Dios ha prometido, lo cumplirá, porque Él no falla.

La oferta del todo incluido

"Aunque mi padre y mi madre me dejaran, Con todo Jehová me recogerá". Salmos 27:10

Los eventos que vivimos en la niñez marcan nuestra vida. Estos eventos, positivos o negativos son los que, consciente o inconscientemente, cargamos en el espacio más íntimo de nuestro corazón. Les agrupamos, categorizamos y llamamos recuerdos. Con frecuencia ocupan nuestra mente y tocan la esencia de nuestro ser. En este momento de mi vida, puedo decir que son para bendición, pues lo que antes no entendía, hoy entiendo. Dios ha tenido cuidado de mí y ha hecho grandes milagros en mi vida.

Hay experiencias tristes que no alcanzamos a entender el porqué pasamos por ellas. Nos envuelven y nos quebrantan, nos llevan a pasear y comprar por el "Mall de la Desesperanza" donde las tiendas del dolor, del sufrimiento, de la sensación de abandono,

de desprecio, del coraje, del resentimiento, de la desvalorización, de la autocompasión, de la desconexión, de la incredulidad, de la inseguridad y algunas otras, continúan expandiéndose, ofreciéndote variedad de distracciones, con el fin de dejarte en bancarrota. Me había quedado por demasiado tiempo ahí, en el "Mall de la Desesperanza", tanto que la inversión de horas y el camino andado solo trajo más dolor y sentido de pérdida a mi vida. Pasaba horas analizando eventos, haciéndome preguntas para las cuales no tenía respuestas, convenciéndome de que todo pasaría y mi vida sería diferente.

Crecí observando todo lo que sucedía a mi alrededor, desde mi óptica muchas veces nublada por el llanto, otras cegada por el consistente trato de indiferencia y frialdad que recibía; además del modelaje que hablaba más fuerte que las palabras que escuchaba. Mis familiares, particularmente aquellos que eran cristianos, vivían cerca físicamente, pero muy lejos de mí, emocionalmente hablando. No eran capaces de expresar sus sentimientos, al menos hacia mí. Aclaro que no emito juicio, sino comparto mi sentir en cuanto a los eventos vividos y la única razón para expresarlos es alertar a otros sobre estos patrones desde la perspectiva de una sobreviviente restaurada por el amor de Dios. Mi familia paterna también vivía muy alejada emocional y físicamente de mí, solo los veía cuando coincidíamos en algún supermercado o tienda. Las veces que intenté

acercarme, me bombardeaban con reclamos y preguntas sobre por qué no los visitaba con más frecuencia. Para mí no era tan fácil llegar a verlos. Cuando iba a visitarlos lo hacía caminando, porque no tenía dinero para la transportación pública. En realidad, intenté las visitas hasta que tuve 15 años, pues no veía por parte de ellos ninguna disposición a buscarnos, así que, desistí del intento. Como resultado de esas observaciones, albergué sentimientos de desconfianza y desamor. Se supone que una persona que te ama, te lo demuestra, te busca, te lo dice, procura tu bien, te cuida y eso no debe ser dejado a un lado por diferencias entre unos y otros. Reconozco que, si eres emocionalmente saludable, puedes separar unas cosas de otras y hacer lo que corresponde. Por demasiado tiempo viví pensando que no podía confiar en nadie y que nadie me amaba.

Me es necesario abrir un paréntesis para explicar que, desde mi adolescencia hasta la juventud, el evangelio que se predicaba en muchas iglesias estaba centrado en un mensaje de condenación, no nos enseñaron a temer a Dios por amor, reverencia y admiración; esto motivó a que muchos huyéramos de Él. Nos hacían sentir tan indignos y pecadores que nunca alcanzaríamos la santidad requerida para poder acercarnos a Dios. Faltaban los elementos más importantes del mensaje: el amor y la gracia anticipante, justificadora y santificadora de Dios, por medio de su hijo Jesucristo, y su capacidad

de mirarnos de manera diferente a como miran los hombres. Jesús vino a este mundo para ofrecernos salvación, perdón, sanidad y restauración; para que lleguemos a ser lo que Dios, desde que nos formó en su pensamiento, quiere que seamos, sus hijos amados y predestinados para toda buena obra en Cristo Jesús. Diezmar, en ese tiempo, no era un acto de fe en obediencia y agradecimiento a Dios, sino una regla inquebrantable y merecedora de castigo por algunos hombres que ocupaban posiciones de liderazgo y humillaban a los más pequeños haciendo uso inapropiado de su falsa autoridad en las iglesias. Digo falsa autoridad porque el único con autoridad absoluta sobre su pueblo es Dios, quien teniendo autoridad absoluta nos ofrece la libertad de decidir, porque Dios es un Dios de amor, misericordia y justicia. Nuestra responsabilidad se fundamenta sabiendo que lo que decidamos tendrá consecuencias y que seremos llamados por Jesucristo, a quien fue dada toda autoridad para juzgar. Con estas declaraciones no quiero señalar a ninguna denominación o iglesia. Pido a Dios que en su misericordia alcance a los hijos que aún a este tiempo no han vuelto a casa. Ser líder espiritual es un privilegio que Dios entrega para llevar con responsabilidad su Palabra.

Me enfoqué en estudiar y desarrollé un plan para garantizar, según yo, que durante mi adultez todo ese panorama de desesperanza fuera diferente. Sentía que moría por dentro, no hablaba con nadie de

lo que me sucedía, mis mejores amigos fueron algunas libretas, libros, diccionarios (para ese tiempo no existía la gran variedad de tecnología que existe hoy día). Así que, sin saber si algún día recibiría una respuesta a mis conversaciones con Dios, comencé a intentar volver a hablar con Él. En un momento dado, comencé a buscar algún lugar para congregarme, no necesariamente como parte de la iglesia, sino con el fin de escuchar la Palabra de Dios. Fueron tantos los lugares que visité, iglesias denominacionales e iglesias no afiliadas. En varias de ellas permanecí por tiempos extendidos y además de ofrendar, diezmaba y cooperaba en las actividades pro templo y otras, según surgía la necesidad. Hacer esto me llenaba de cierta alegría, reconocía que Dios había bendecido mi vida de una manera muy especial y anhelaba devolverle de lo que Él me daba.

Quisiera que las circunstancias en ese tiempo de mi vida no hubieran sido así. Quisiera poder haber escrito en este capítulo cosas hermosas y experiencias felices sobre mi niñez, mi adolescencia y juventud. Pero, te mentiría si te dijera que tengo algún recuerdo bonito, de esos que cuando veo a algunas personas contarlos, le brillan los ojos y su sonrisa es tan amplia que piensas que jamás podrán volver a cerrar su boca. Lo que sí puedo decirte es que, en medio de todo ese tiempo de tormento, Dios continuaba trabajando en mi vida. Yo hablaba con Él a cada rato, le pedía que me ayudara, que me

cambiara el corazón y que cambiara mi mente, pues vivía con mucho coraje y dolor.

A los doce años, recuerdo que mi madre tomó finalmente la decisión de divorciarse. Un proceso que tardó casi un año y que nos dejó sin un techo, pues mi padre reclamaba haber aportado con dinero para la compra de la casa donde vivíamos con nuestra madre y fijó como condición para el divorcio que se le dejara la casa a cambio de diez mil dólares que le daría a mi madre. Quiero honrar a mi padre, aclarando que a pesar de todo lo que vivimos antes, durante y luego del divorcio, él era solo el resultado de sus propias circunstancias durante su niñez. Aclaro que no lo justifico en su proceder, porque pudo haber decidido ser diferente, pero lo he perdonado, lo amo en el amor de Cristo y le pido a Dios que lo bendiga, lo salve y lo sane.

¡Que maravilloso es saber que Dios nos cuida y es un Dios de provisión! Pudimos conseguir una nueva casa recién fabricada en una urbanización nueva y eso nos llevó a un nuevo comienzo libre de violencia, maltrato y dolor. Dice el Salmo 37:25: *"Joven fui y he envejecido, y no he visto justo desamparado, ni su descendencia que mendigue pan"*. Tuvimos momentos de escasez, pues para añadir a la situación, nunca recibimos ni un centavo de pensión alimenticia, pero mami trabajaba para darnos el sustento, nunca nos acostamos con hambre. Nos criamos en un hogar humilde donde no había lujos,

pero había enseñanza de valores y de la Palabra de Dios. A pesar de todo conflicto o situación de dolor, doy gracias a Dios por cada una de estas experiencias vividas, porque como dice su Palabra en Romanos 8:28 *"Y sabemos que a los que aman a Dios, todas las cosas les ayudan a bien, esto es, a los que conforme a su propósito son llamados".*

Ahora, a cada segundo, visito el "Mall de TODO incluido de Dios" donde las tiendas de la alegría, de la sanidad, de la cobertura, del aprecio, del amor, de la confianza, del valor, de la paz, de la justicia, de la certeza, de la capacidad de perdonar, de la seguridad y de la misericordia renuevan sus inventarios cada día para satisfacer la necesidad de mi espíritu en Cristo Jesús.

¡Te invito a que te des un paseo por el "Mall de TODO incluido de Dios"! Es el único lugar donde los absolutos de siempre y todo son ciertísimos y lo más importante es que ya Jesús pagó el precio para que puedas presentarte y alcanzar tu bendición de vida eterna. ¡Te aseguro que conseguirás abastos de plenitud en todo!

"Pido, pues, que conozcan ese amor, que es mucho mas grande que todo cuanto podemos conocer, para que lleguen a colmarse de la plenitud total de Dios" (Efesios 3:19 DHH).

Perdono y pido perdón

"Antes sed benignos unos con otros,
misericordiosos, perdonándoos unos a otros, como
Dios también os perdonó a vosotros en Cristo".
Efesios 4:32

He cometido muchos errores, algunos de ellos en reacción a situaciones provocadas, otros no respondiendo como quizás se esperaba, sino con agresión al ser agredida, en fin, errores que han causado mucho dolor. Doy gracias a Dios porque me ha permitido pedir perdón a muchas de las personas a quienes herí y dedico este capítulo. A los que no he tenido la oportunidad de encontrar o de ver, en este libro les pido perdón. Pido perdón a aquellos miembros de mi familia para quienes he parecido fuerte e inaccesible, reconozco haberlo sido por mucho tiempo en una misión personal para no ser herida más allá de lo que podía resistir en mi

vulnerabilidad. Aclaro que la base en la que hoy fundamento mis expresiones es la misma Palabra que me ha confrontado con mis pecados y me ha enseñado a conocer cuán grande es la gracia justificadora y santificadora ofrecida por Jesús a través de su sacrificio. Perdono las veces que mis necesidades fueron ignoradas, en que mi presencia representó molestia, las veces que fui señalada por mi apariencia física, las que fui juzgada por estar fuera de la iglesia, sin entender y sin hacer el intento de saber el porqué. Perdono el no haber recibido testimonio de lo que es imitar a Cristo de quienes más lo esperaba. Perdono a todos los que con sus acciones provocaron en mí el sentir desamor, abandono, desinterés y juicio. Perdono a los que han entendido que no es meritorio pedir perdón y les aseguro que ya no llevo la carga pesada en mi corazón del dolor que eso había causado. Perdono y pido perdón a aquellos por quienes fui abusada y usada en un intento de llenar vacíos que solo pueden ser llenos por Dios con su amor, misericordia y perdón.

Me perdono por haber abrazado y prolongado el tiempo en cautiverio del dolor, por no haber escuchado la voz de Dios y prestarle atención a las voces acusadoras que me estancaban en la cárcel de la culpa. Aprendí que la libertad del perdón te capacita para continuar la vida, dejando atrás lo negativo de las experiencias vividas. La libertad te

hace caminar con paso firme para que uses lo aprendido para ser mejor y cuando surja la oportunidad, brindar ayuda a otros.

A la edad de 42 años, Dios me permitió tener un encuentro en una farmacia de mi pueblo, con la persona que quebrantó mi inocencia a los 9 años. Ya en ese tiempo, había reconciliado mi vida con Dios y ya no sentía en mi corazón el odio, el coraje y el deseo de venganza. En oración le había pedido a Dios que, si me permitía tener ese momento, pusiera las palabras correctas. Él estaba frente a mí en la fila para pagar unos artículos y no me había percatado de quién era hasta que se volteó y me dijo: *"Oiga, creo que la conozco o la he visto en algún lugar, porque su cara se me hace familiar".* Recuerdo que lo miré fijamente a los ojos y le dije: *"Cómo olvidarse, si yo fui la niña a la que usted violó cuando tenía 9 años. Pero sabe, le pedía a Dios en oración que me concediera este momento. En un tiempo hubiera querido matarle, pero hoy le digo que lo perdono y que, si no lo ha hecho aún, debe arreglar su vida con Dios, porque Él le ama".* Respiré profundo y cuando miré al cajero ya la persona se había ido de la farmacia. El cajero me miró y me dijo: *"Señora, que lección tan grande usted nos ha dado, la felicito".* *"La gloria es de Dios",* le dije. Nunca más lo he visto. Pienso que Dios permitió ese encuentro para testimonio de su gloria.

En mi segundo matrimonio, por muchos

años, escuché la frase "tú estás loca" (tanto que llegué a creerlo). Era "loca" porque hacía reclamos por encontrar maquillaje en la parte interior de las camisas y manchas de labial. Estuve demasiado tiempo apoyando y escuchando historias de éxito. Siempre atendí y escuché cada situación que le causaba estrés a mi pareja, pero no podía expresar los míos. Según él, yo no tenía ningún problema y si los tenía no eran importantes, como si los problemas fueran razón para competir. Tampoco consideraba que yo tenía el nivel de conocimiento requerido para merecer ser consultada, por lo tanto, el proceso de decisiones era básicamente unilateral. Mi matrimonio terminó disuelto. Oraba y le pedía a Dios que, por favor, me permitiera el momento de conocer la verdad de por qué fui maltratada emocional y verbalmente.

Un domingo, salí de la iglesia y cuando llegué a mi casa estaba esperándome mi exesposo; llorando con arrepentimiento me pidió perdón. Le expresé que ya lo había perdonado y que debía tratar de acercar su vida a Dios. Ahora entiendo que la mujer fue creada por Dios no para ser competencia, sino para ser ayuda idónea. Aclaro que, para ser considerada ayuda idónea, ambas personas en la relación deben tener la misma base bíblica que señala este principio. Pido perdón por no haber alcanzado a conocer y llenar las expectativas de mi pareja, y por no desear continuar en la lucha de ser considerada

competencia.

El arrepentimiento y el perdón son oportunidades que Dios nos otorga para un nuevo comienzo. Un nuevo comienzo que debe estar fundamentado en permanecer en la verdad absoluta que es Cristo para alcanzar la libertad que solo se encuentra en Él...

y conoceréis la verdad, y la verdad os hará libres.

(Juan 8:32)

¡Soy libre!

Tú también puedes serlo.

¡Inténtalo!

Da de gracia lo que por gracia has recibido

"Conviene que yo declare las señales y milagros que el Dios Altísimo ha hecho conmigo". Daniel 4:2

Había comprado una secadora para la ropa, pero recuerdo que esa mañana el sol resplandecía y la brisa invitaba a tender la ropa en el tendedero para que se secara. Había lavado toallas y sábanas, así que, ¿por qué no? Tomé la primera toalla, la sacudí y me dirigí al tendedero. Coloqué el primer extremo de la toalla y la fijé con un pinche de ropa. Me disponía a colocar el próximo extremo de la toalla en el tendedero, cuando sentí una brisa apacible y escuché una voz audible que dijo a mi oído: *"Da de gracia lo que por gracia has recibido"*. Confieso que se estremeció todo mi ser. Comencé a llorar y tuve el atrevimiento de decir en mi mente: *"Señor Jesús, si eres tú quien me está hablando,*

por favor te pido, llámame por mi nombre y dímelo otra vez". Caminé nuevamente hacia la lavadora y saqué la segunda toalla, coloqué un extremo junto a la toalla anterior y cuando me disponía a fijarlas con el pinche, la voz audible me dijo esta vez: *"Lilllian Magallie da de gracia lo que por gracia has recibido"*. Corrí a mi habitación, caí de rodillas dando gracias a Dios en oración. Dios ha sido maravilloso conmigo y por su gracia he vivido experiencias que no puedo ni debo callar, pues son parte de lo que Él ha hecho en mí y para su gloria y su honra, hoy puedo testificar sobre ellas. En este capítulo, doy de gracia lo que por gracia he recibido. ¡Pido a Dios en oración que, a través de su Espíritu Santo, ministre a tu vida con poder por medio de estos testimonios para que puedas creer, tengas fe y sepas que Dios es el mismo, ayer, hoy y por todos los siglos, en Cristo Jesús, ¡amén!

Testimonio número uno: Cuando quedé embarazada de mi segunda hija, estaba tomando pastillas anticonceptivas y evidentemente había fallado en tomarlas, según las instrucciones. No accedí a la propuesta de abortar y decidí continuar mi embarazo, aunque tuviera que estar sola con mi hijo mayor y el bebé que ya vivía en mi vientre. Oraba y le pedía a Dios que me permitiera ver en sueños cómo sería mi bebé. Sabes, Dios siempre ha tenido un trato especial conmigo. Aun en los momentos en los cuales me encontraba apartada de Él, se esmeraba por llamar mi atención y mostrarme cuanto me ama. No tardó mucho en contestar mi petición y tuve un sueño donde vi la cara

de la hija que llevaba en mi vientre, tan clara como el día en que la parí. Mi hija crecía y con el paso de los meses observaba que el movimiento de sus piernas era muy limitado. Comencé a llevarla a neurólogos pediátricos, a fisia-tras y terapistas. Le hacían toda clase de estudios y no daban con ningún diagnóstico.

Llegó el tiempo en que se supone que comenzara a gatear y no lograba hacerlo. Cumplió un año y ni siquiera se volteaba. Tres meses después de su cumpleaños, me encontraba lavando mi auto en la marquesina con mi hijo mayor. Vivía en una planta baja de una casa alquilada en el campo y los vecinos por allí vivían a distancias considerables, pero todos eran conocidos. Para mi sorpresa, cuando miré hacia arriba había un señor mayor, estimo que tenía 70 años de edad, su rostro mostraba un brillo hermoso, iba vestido de blanco; en su mano traía una botellita de cristal hermosísima y tan resplandeciente como su vestidura. Yo nunca había visto a este caballero antes y ya llevaba viviendo allí tres años y medio. Fue hacia donde yo me encontraba y me dijo: *"Vengo a orar por el niño que está en la cuna"*. Sorprendida, miré instantáneamente a mi hijo varón que se encontraba a mi lado. Inmediatamente el caballero me dijo: *"No, no es ese, es el que está en la cuna"*. Corrí para buscar a mi hija; al verla, abrió la botellita y ungió su espalda, desde el cuello hasta la cintura, también ungió sus rodillas. Entonces, me miró y me dijo con firmeza: *"conforme a tu fe, será hecho"*. Habiendo dicho estas palabras, literalmente, desapareció de mi vista. Nunca más le vi

por allí.

Pasaron tres semanas y la señora que en ese momento cuidaba a mis hijos me llamó al trabajo y me dijo con entusiasmo: *"Tienes que venir a la casa ahora"*. Le pregunté a mi supervisor si me permitía ir a la casa y me dijo que sí. Fui lo más rápido que pude, dentro de los límites de velocidad, pues no sabía lo que ocurría y anhelaba llegar lo antes posible. Al llegar, me bajé de mi auto y cuando abrí la puerta para ver qué sucedía salió corriendo a mi encuentro mi hija, la niña que nunca gateó, que ni siquiera caminaba, había sido sanada. Dios me concedió un gran milagro, no porque fuera merecedora del mismo, sino por su gracia, su misericordia y su gran amor.

La Biblia contiene narraciones de grandes testimonios de seres humanos, como tú y como yo, que se atrevieron a creer. Personas que estaban atravesando grandes enfermedades, despreciadas, humilladas, marginadas, pero tuvieron el valor de acercarse a Jesús.

"Jesús le dijo: Si puedes creer, al que cree todo le es posible" (Marcos 9:23).

¿Te atreves a acercarte?

¿Te atreves a creer?

En el tiempo, manera y lugar de Dios

"El Señor hace todo lo que quiere, lo mismo en el cielo que, en la tierra, lo mismo en el mar que en sus profundidades". Salmo 135:6 DHH

Fui diagnosticada en septiembre del año 2013 de una condición conocida como Fibrilación Atrial, no tenía idea de qué se trataba este nuevo diagnóstico. Recuerdo que cuando llegué a sala de emergencia, el médico en turno vio el monitor de mi pulso, que se mantenía fluctuando entre 198 y 209, él tenía cara de espanto y daba órdenes para que las enfermeras me canalizaran una vena con urgencia. Era necesario administrarme una serie de medicamentos para normalizar los latidos de mi corazón y

llevar el pulso a un nivel aceptable. Recuerdo que dos de las enfermeras en turno me observaban y una de ellas comentó: *"No sé cómo puede estar tan tranquila, aquí han venido pacientes con estos mismos síntomas gritando de dolor y temor"*. Cada vez que tengo la oportunidad de hablar de Cristo y de las hermosas cosas que he vivido no la dejo pasar, así que, las miré y les dije: *"Saben, si este es mi último día en esta tierra, yo sé para dónde voy. Me siento feliz porque si Dios decide mudarme hoy, me voy con Él"*. Una de ellas me respondió: *"Wow, yo quisiera tener esa misma seguridad que usted tiene"*. Le dije: *"Tú puedes, Dios te está llamando, acepta su llamado"*.

Comencé a tener estos episodios muy seguidos, uno de los cuales me llevó en el 2014 a la sala de cuidado intensivo. Desde ese momento, por órdenes médicas, comencé a tomar unos medicamentos adicionales. Uno de ellos me provocaba espasmos bronquiales, al punto de que cualquier simple catarro se convertía en bronquitis asmática. Mi condición física cambió de manera significativa y el cansancio me vencía al más mínimo esfuerzo. Me vi tan limitada en mi actividad física que ni siquiera pasaba el *Stress test*; en solo 30 a 40 segundos mi pulso subía a 198. Consultaba con mis médicos sobre la posibilidad de dejar alguno de estos medicamentos y, según ellos, no era posible. El tiempo transcurría y hacía todo cuanto me recomendaban los médicos, pero mi salud no

mejoraba. Oraba y pedía a otros que me acompañaran en oración, para que, al menos, me quitaran uno de aquellos medicamentos.

En el primer trimestre del año 2017, comencé a tomar el curso intermedio de Lenguaje de Señas, facilitado por Servicios Orientados al Sordo y la organización 1+. Estos cursos eran ofrecidos en Iglesia Discípulos de Cristo en Fajardo. En el Colegio San Gabriel, estaban promocionando el 8vo 10K Corre, Camina, Mueve tus manos. El instructor del curso llevó las hojas de inscripción para dicho maratón, el cual se llevaría a cabo el día 2 de abril del año 2017. Bromeaba con mis compañeros de clases y les decía: *"Voy a registrarme para caminar ese 10K, estén pendientes a las noticias porque quizás lo termino a las diez de la noche y voy a establecer un récord"*. Comencé a presentarle a Dios mi interés de caminar ese 10K, le pedía que me ayudara, ya que mi anhelo era poder caminar esa distancia como testimonio del proceso de sanidad que Él estaba haciendo en mi corazón. He aprendido a creerle a Dios y a poner toda mi confianza en Él, sin mirar las circunstancias.

Las circunstancias muchas veces son un distractor que desvía nuestra atención de lo que Dios está haciendo. Había comprado una trotadora y me dediqué a caminar en ella varios días a la semana y aunque me cansaba, continuaba haciéndolo. El 2 de abril del 2017, fue sin duda, uno de los días que

atesoraré por siempre en mi memoria. Ese fue el día del maratón. Varias personas me acompañaron y me dieron apoyo durante este evento: Lydia, mi hermana en Cristo y esposa de mi pastor, mi hermano menor José y su esposa Ivette Moraima y un gran amigo a quien quiero como un hermano, Luis Alberto (Tito). La carrera comenzó con los participantes en sillas de ruedas. Confieso que sentí gran motivación al verlos arrancar, pues su esfuerzo era encomiable y digno de admirar. Había muchos grupos participando, tanto de corredores como de caminantes. Logré llegar a la meta en una hora y cincuenta y nueve minutos, no me sentí cansada, ni me faltó el aire. La bendición más grande fue poder gritar desde mi corazón: "*¡Gracias mi Dios!*", mientras que, con mis manos hacía la señal de gracias hacia el cielo. La actividad de cada corredor o caminante, desde su inicio hasta la llegada a la meta, quedó registrada por *All Sport Central*. Los 12,461 pasos que di, quedaron registrados en mi corazón para la gloria de Dios.

"Vuélvete a tu casa, y cuenta cuán grandes cosas ha hecho Dios contigo. Y él se fue, publicando por toda la ciudad cuán grandes cosas había hecho Jesús con él" (Lucas 8:39).

Ese día, Lydia y yo salimos de allí rumbo a la iglesia, pues era domingo. La escuela bíblica había terminado y el servicio estaba por comenzar. Recuerdo que, al llegar, nos recibió el pastor con cara de asombro y felicidad. ¡Qué gran gozo poder volver a mi casa para agradecer a Dios junto a mi familia en la fe por esta gran victoria! Luego, el 30 de abril de 2017, caminé junto a mi hija y mi nieto el 5K Gladiadores Contra el Cáncer, en Ceiba, Puerto Rico. ¡Dios es maravilloso! Me sentí muy feliz y agradecí a Dios por darme la oportunidad de alcanzar otra meta de esta naturaleza. Cuando fui a mi siguiente cita al cardiólogo llevé, con gran alegría y orgullo, mis dos medallas. Ciertamente se sintió muy contento por mi logro, pero cuando le pregunté de la posibilidad de dejar alguno de los medicamentos solo me permitió bajar la dosis de uno de ellos, eso fue un gran adelanto.

Una de las áreas que el Espíritu Santo de Dios ha transformado en mi vida es mi capacidad para ser optimista, reconozco que no siempre fui así. Continuaba orando, en relación a poder dejar de tomar medicamentos, porque creí con mi entero ser que Dios estaba trabajando y en su tiempo contestaría mi petición. El miércoles, 4 de abril del 2018 me sentía muy bien, ya había acordado buscar a mi madre, así que lo hice y visitamos uno de mis lugares favoritos para comprar alimentos. Ya habíamos seleccionado todo lo que necesitábamos y cuando nos acercábamos a las cajas registradoras sentí que mi pulso se aceleró, mi corazón comenzó a latir muy rápido y sin control. Le comenté a mi mamá que me tenía que sentar porque sentía que me iba a desmayar. Traté, mientras pude, de mantenerla calmada, pues se notaba que

estaba preocupada y veía que llamaba con insistencia, la escuchaba pidiendo oración por mi salud a las personas con las que hablaba.

En nuestro primer llamado al 911, la persona del despacho cortó la llamada, porque supuestamente la operadora le dio una ubicación equivocada. En el segundo intento, se coordinó la ambulancia y la espera se nos hizo eterna. Ya habían pasado 45 minutos cuando llegaron los paramédicos. Recuerdo que tomaron los signos vitales y mi pulso estaba en 236. Me trasladaron a uno de los hospitales en Carolina y el médico de turno, con voz alarmada y rostro consternado, daba instrucciones, una tras otra, en su afán de controlar mi pulso y los latidos del corazón. Mientras todo eso ocurría, yo trataba de bromear para que mi mamá tuviera tranquilidad y le decía que tan pronto saliéramos de allí volveríamos a la tienda para pagar todo lo que dejamos en el carrito. Conocía lo serio de lo que estaba ocurriendo allí, porque en mi humanidad no se sentía nada bien, pero traté de calmarla y le dije: *"Sabes, si este es el día de mi mudanza debes estar feliz porque voy al mejor lugar donde puedo estar, voy a un lugar donde no habrá más enfermedad, ni dolor, voy a estar con mi Padre celestial"*. En tempranas horas de la noche, me comunicaron que sería admitida. El jueves en la noche me visitó una especialista en cardiología y me explicó que había dialogado con mi electro fisiólogo (especialista en la función eléctrica del corazón),

quien recomendó un procedimiento de intervención quirúrgico llamado Ablación Cardiaca.

El viernes en la mañana fui trasladada al Hospital Cardiovascular. Se suponía que ese día fuera mi intervención, pero no fue así. Era menester que los efectos del anticoagulante pasaran. Así que, estuve todo el fin de semana en aquella habitación donde recibí la visita de muchas personas que fueron enviadas allí por Dios, para mostrarme su gran amor por mí. Recibí oración, canté con mis hermanos del Ministerio de Adoración, participé con ellos de la Cena del Señor, sentí una paz indescriptible. Es hermoso cuando dentro de nuestras circunstancias podemos sentir la mano de Dios obrando. En ningún momento de este proceso sentí temor. Hubo un poco de desinformación, pues no conocía con certeza en qué momento del lunes sería intervenida, lo cual no me ayudaba a proveer contestaciones a preguntas de mis familiares que querían estar allí ese día. Una y otra vez recordaba estos versos: *"Estad quietos y conoced que yo soy Dios; Seré exaltado entre las naciones; enaltecido seré en la tierra. Jehová de los ejércitos está con nosotros; nuestro refugio es el Dios de Jacob"* (Salmo 46:10- 11).

¡Qué difícil nos resulta a veces estar en la sala de espera! Oramos y llevamos nuestras situaciones ante Dios, en ocasiones con nuestras ideas del cuándo, cómo y dónde nos gustaría recibir las contestaciones a nuestras peticiones. Nos desenfo-

camos y a veces hasta nos atribulamos porque no entendemos el silencio de Dios. La sala de espera de Dios es el mejor lugar donde podemos estar. Es ese lugar donde nuestra humanidad tiene que rendirse, sí o sí. Donde nuestra fe crece, nuestras dudas se disipan, nuestro carácter es transformado, aprendemos a depender de Aquel que nos ha dicho que por nada estemos afanosos, que siempre nos sustentará con la diestra de su justicia. Salí del Hospital Cardiovascular y escuché la más grande declaración de boca de médicos especialistas en cardiología y electro fisiología. *"Eres un milagro, porque solo en libros habíamos leído sobre algo así y de la remota posibilidad de que alguien pudiera salir vivo de un episodio de esa naturaleza"*. Aclaré que soy un milagro porque Dios en su misericordia me permitió vivir para declararle a quienes no creen que Él es real.

El domingo, 15 de abril de 2017, mientras cantaba con el Ministerio de Adoración en la iglesia, sentí un fuego que ardía en mi pecho y una paz inmensa. Mientras cantaba, oraba en mi mente y le pedía a Dios que me permitiera seguir cantando, que no me dejara llorar. Yo sabía que el Espíritu Santo de Dios estaba terminando su obra en mi corazón. Dios no deja cosas inconclusas y ese día completó su obra en mi corazón. Para que puedas entender lo que sucedió te daré un resumen. En el 2014 comencé a orar pidiéndole a Dios que me ayudara para que pudiera dejar de tomar los medicamentos que, en mi

opinión, eran peor que mi enfermedad. Luego de estar orando por eso durante cinco años, en junio del 2018, mi médico me autorizó a dejar de tomar no uno, no dos, sino los tres medicamentos. Hoy puedo dar testimonio de la gloria de Dios. El tiempo de Dios es perfecto, uno de los más maravillosos atributos de Dios es su soberanía. No te rindas, sigue orando, confía, cree. Porque es en el tiempo, manera y lugar de Dios.

"Si puedes creer, al que cree, todo le es posible"
(Marcos 9:23).

La ofrenda de la amistad

En todo tiempo ama el amigo y es como un hermano
en tiempo de angustia. Proverbios 17:17

¿Qué tienes para dar? Es una pregunta que durante mi adolescencia y mi juventud me formulé muchas veces. Siempre fui introvertida y se me hacía sumamente difícil tratar de comenzar una conversación. Sentía que no tenía las destrezas necesarias para ser aceptada en grupos, así que crecí aislada y preferí permanecer así. Era estudiosa y humilde en mi esencia y mi apariencia. Las veces que intenté acercarme a grupos sentía que no pertenecía. Muchas veces me sentí rechazada y ridiculizada por pensar y ser diferente. Me gustaba la música, escribir poemas, cantar, jugar ajedrez, jugar *volleyball*, leer y estudiar. Traía cargas muy pesadas que arrastraba desde mi niñez y no sabía cómo dejarlas, esto no me permitía confiar en las demás personas.

Recuerdo que en una ocasión le confíe a una "amiga" que me gustaba un joven de la iglesia. Entonces, una tarde, ella se sentó junto a él y le dijo que ella sabía que él me gustaba, pero que ella quería estar con él y lo besó. Todo esto sucedió frente a mí. La cara de aquel joven en ese bochornoso momento valía veinte millones de dólares. Esto fue para mí una gran decepción. Traté de continuar la relación de amistad, pero hubo otros eventos que lograron que retirara mi confianza en ella. Una de las lecciones aprendidas fue que no puede existir una verdadera amistad si no hay confianza. A partir de ese momento, cualquier suceso gregario que atentara contra mi tranquilidad y mi "lugar seguro", era motivo suficiente para levantar la muralla de protección un poco más alta y alejarme. ¿Por qué te digo esto? Porque conocer a Jesús nos da la oportunidad de aprender sobre lo que es un verdadero amigo.

La amistad es una ofrenda, es mucho más que compartir algún gusto en común. Siendo una ofrenda, es algo que debemos dar con alegría y sin esperar nada a cambio. Es estar ahí para esas personas que aportan a tu vida experiencias positivas y de creci-miento, que te ayudan a acercarte a Dios, a quienes has decidido dar tiempo, confianza, disposición, com-prensión, amor, apoyo y tu habilidad de escuchar. Es ofrendar consuelo cuando las situaciones dan un giro contrario a como eran esperabas, compañía cuando

parece no haber nadie más, amar, aun cuando esa otra persona sienta que no merece ser amada o cuando te resulte difícil hacerlo. Es aprender a perdonar esas acciones que de momento no entiendes y duelen. Es tener la capacidad de desaprender los paradigmas y fortalecer nuestro amor en el ejemplo de Cristo para ser empáticos sin juicios. Todas las experiencias que nos son permitidas, tienen un propósito y dentro del plan perfecto de Dios para nuestras vidas, son y serán útiles para enseñarnos lo que debemos y necesitamos aprender. La ofrenda de la amistad trasciende el tiempo y la distancia, barreras culturales, religiosas, políticas, se enriquece con la diversidad y con el respeto. Se fortalece con la obediencia al mandamiento principal de amar a Dios sobre todas las cosas y a nuestro prójimo como a nosotros mismos.

Jesús es nuestro mejor amigo, no tuvo el ser igual a Dios como cosa a que aferrarse para venir a la tierra y entregar su vida por ti y por mí. Se hizo humano, tuvo su vida para ofrendar y la dio. Creo que lo hizo pensando que necesitaríamos un modelo a seguir en el proceso de mostrarnos amigos y lo hizo magistralmente. Él conoce todo de nosotros, tanto que, aunque sabía que lo rechazaríamos o le fallaríamos, aun así, extiende su mano para ofrendarnos su amistad incondicional, ofrecernos salvación y el regalo de la vida eterna. Tengo la bendición de contar con muy pocos, pero buenos amigos. Todos ellos han sido testigos de mis buenos y no tan buenos momen-

tos. Algunos están cerca y otros a largas distancias, pero ocupan un lugar especial en mi corazón.

Quiero aprovechar para expresar mi agradecimiento a todos mis amigos por su diversidad e interés en dar. Dar sus ofrendas de acompañamiento, cobertura en oración, disposición para escuchar, abrazar, modelaje de legitimidad, cristiandad, integridad, valores, amor, confianza, diferir con respeto, tener la capacidad de dejar a un lado la religión, confrontarme con amor y ayudarme a entender el amor de Dios, a través de su ejemplo. Con todo mi amor y respeto a mis amigos: Ruth Herrera, Maritza Ayala, Gladys Piñero, Juan Díaz, Rosa Rivera, Samuel Lizo Pepetta, José I. Ramos, Juan J. Velázquez, Emma Camacho, Natividad Quezada, Miguel Erazo, Eugenio A. Torre, Lydia E. González, Blanca Rosado, Iris Trinidad, Camilo Guadalupe y Wilma E. Figueroa.

Supliqué y Dios me enseñó

"Amo a Jehová, pues ha oído mi voz y mis súplicas;
porque ha inclinado a mí su oído; Por tanto, le
invocaré en todos mis días". Salmo 116:1-2

En el 1975, surgió un ministerio llamado *El Tren Evangelista*, compuesto por integrantes de diferentes denominaciones y dirigido por un gran siervo de Dios que se encargó de reunir un grupo de jovencitas que, con mucha dedicación, se unían en cánticos de alabanza, oración y mensajes dirigidos a los niños. Había niñas con voces espectaculares, una de ellas era mi hermana. Yo, no tenía el don de cantar, pero me asignaron para grabar la parte hablada durante la introducción del programa que decía: *"Amiguito y hermanito te invitamos para que nos acompañes en este viaje de El Tren Evangelista. Durante el viaje cantaremos, oraremos y aprenderemos de la Biblia. ¡Nuestro conductor es Cristo!"*

Nuestro director musical escogía los cánticos. Él comenzó a motivarme para que tratara de hacer un dúo con mi hermana. Intentamos varias veces, pero yo no tenía la habilidad para cantar. Comencé a orar en mi casa. En el baño practicaba y muchas veces lloraba pidiéndole al Señor que me permitiera aprender a hacer la segunda voz. Llamaba a mi hermana al baño y le pedía que cantara, porque yo quería hacer la segunda voz. Fueron muchas las veces que la llamé, ella me miraba con cierto grado de incredulidad, pero, aun así, cantaba para que yo intentara hacer la voz. Una tarde, luego de varios meses volví a elevar mi oración pidiéndole a Dios que, por favor, me permitiera hacer la voz que necesitaba. Entonces escuché: *"Llama a tu hermana y dile que cante"*. Imagínense, había recibido una instrucción específica y con la autoridad de Aquel que puede hacer todas las cosas posibles, así que llamé a mi hermana y le dije: *"Canta para hacerte la voz"*. Me miró y me *dijo: "Pero es que tú siempre me dices eso"*. A lo que contesté: *"Sí, pero canta"*. Comenzó a cantar y para su sorpresa la segunda voz estaba acompañándola. De ese día en adelante, cantamos juntas en *El Tren Evangelista* como las hermanitas Cruz. Dios ha bendecido mi vida con la oportunidad de pertenecer al Ministerio de Adoración de la iglesia a la cual pertenezco. Cada día agradezco su gran amor y su misericordia; agradezco que inclina su oído para escuchar mis oraciones.

Y a Aquel que es poderoso para hacer todas las cosas mucho más abundantemente de lo que pedimos o entendemos, según el poder que actúa en nosotros, a Él sea gloria en la iglesia en Cristo Jesús por todas las edades, por los siglos de los siglos. Amén (Efesios 3:20-21).

¡A Dios doy y daré toda gloria y honra!

Hechos
maravillosos

En la hermosura de la gloria de tu magnificencia, Y en tus hechos maravillosos meditaré. Salmos 145:5

Cuando mi nieto era pequeño le encantaba pintar con acuarelas. Era una actividad que disfrutaba mucho y lo hacía con tanto esmero que contemplarlo en esa gestión artística hacía sonreír mi corazón. Desde que nació lo he cuidado. Un día, recuerdo que cuando estaba próximo a cumplir sus tres años, tan pronto llegó a mi casa, expresó su interés en pintar. Así que busqué sus pinceles, papel para dibujar y me senté cerca a observar su dedicación. Me sorprendió porque pintó más papeles que de costumbre, siete en total y no se cansó. En la tarde llegó su mamá a recogerlo y se despidió hasta el lunes, pues ese día era viernes. Ese fin de semana, tomé todos sus dibujos y los coloqué sobre la mesa del comedor, pero uno en particular llamó mucho mi atención. Lo separé de los demás porque sentí curiosidad sobre su contenido.

Estuve dos semanas, meditando sobre lo que yo veía en la pintura y finalmente decidí tener una conversación con mi nieto al respecto. Esa mañana, lo recibí, desayunamos y al terminar, le dije: *"Oye Gaddy, me encantan tus dibujos y hay uno que me gustaría que me hablaras de lo que está ahí"*. Le señalé lo que para mí parecía un rostro y le pregunté: ¿Qué es esto? Muy seguro y firme me dijo: *"Tata ese es Papá Dios"*. Señalé las partes azules del dibujo y le pregunté: *"Y esto, ¿qué es?"* Me dijo sonriendo: *"Tata, eso es donde Él está, Él está en el cielo"*. Con la piel erizada por sus dos contestaciones, señalé el área donde están los círculos violetas y pregunté: *"¿Y estos circulitos qué son?"* Sin pensarlo, ni titubear, me dijo lo siguiente: *"Tata, esos son los niñitos que están con Papá Dios"*. Sorprendida por su firmeza y la confianza con la que me contestó le hice la última pregunta: *"¿Y cómo tú sabes todo eso Gaddy?"* Con la más hermosa y espléndida sonrisa me contestó: *"Tata, porque yo estaba allí"*. Han pasado 8 años desde aquel día y desde entonces ese dibujo adorna el pasillo de mi casa. Gaddyell es un jovencito con un corazón sensible a las cosas de Dios y tiene un llamado especial.

En el 2013, él tenía cinco años y lo llevamos a un concierto cristiano para celebrar el cumpleaños número treinta de mi hijo mayor. Recuerdo que el ministro de adoración hizo un llamado solicitando que todo aquel que tuviera un llamado pastoral se pusiera de pie, porque él quería hacer una oración por todos, inclusive los que aún no eran pastores, pero sentían el llamado. Para mi sorpresa, cuando miré a mi lado, estaba Gaddy parado sobre su silla, levantando ambas manos para recibir la oración. ¡Dios es maravilloso! Mi nieto llegó a mí en uno de los momentos más difíciles de mi vida, enviado a nuestra familia por Dios para mostrarnos su gran amor y cuidado. Ha guardado mi vida con celo en momentos en los que ha sentido la inquietud de cuidarme; ha salvado mi vida en dos ocasiones. Su nombre en hebreo significa: mi fortuna es Dios.

Dios quiere sorprenderte con sus hechos maravillosos. Cada día se ocupa de ofrendarte hermosos detalles para llamar tu atención. Muchas veces pasan desapercibidos por estar enfocados en la dirección contraria.

"Los cielos cuentan la gloria de Dios, Y el firmamento anuncia la obra de sus manos" (Salmo 19:1).

¡Observa y enfócate en tus bendiciones, verás que son muchas más!

¡Para la gloria de Dios!

Respondió Jesús: No es que pecó este, ni sus
padres, sino para que las obras de Dios se
manifiesten en él. Juan 9:3

Este relato bíblico habla de un hombre que era ciego de nacimiento. Me encanta la manera en que Jesús responde la pregunta que le hacen sus discípulos. Medito en esta declaración de mi Salvador y sonrío. He recibido "el cumplido" de médicos especialistas que han atendido mi salud por años; ellos dicen que soy la diabética más rara que existe. Hace algunos años, como parte de los estudios que me ordenan dos veces al año, la especialista en condiciones de la retina me había ordenado unas pruebas. Como consecuencia de los muchos años que llevo con la condición de diabetes, surgió un diagnóstico de retinopatía y el resultado de unas pruebas alarmó a la especialista. Ella quería

confirmar lo que había visto y ordenó que se me repitieran las pruebas, pero esta vez en su oficina, ubicada en el área metropolitana. Así que, me entregó las órdenes médicas para repetir el estudio y para comprar gotas para el ojo, la cuales contenían esteroides. Fui a la farmacia, compré las gotas, llegué a mi casa, coloqué el pote sobre mi tocador, me arrodillé y comencé a hablar con Dios.

Mis conversaciones con Dios a veces son secretas y otras a viva voz. Confieso que las secretas, son en un volumen más alto que las que son a viva voz; surgen de lo más íntimo de mi ser, el ser de una hija que necesita diariamente el consejo de su Padre celestial. El diagnóstico que había recibido era prognosis de una condición tan delicada que implicaba perder completamente la visión por el ojo izquierdo. Asistí a la oficina en el área metropolitana para repetir las pruebas que me había ordenado la doctora. Al cabo de dos semanas, los resultados estuvieron disponibles. Fui a la siguiente cita, acompañada por mi hermana, quien estaba de visita en Puerto Rico. Llegó mi turno para ver a la doctora, entré con mi hermana a la oficina. En mi mente, recitaba parte del versículo de Hechos 1:8 lo parafraseaba a mi manera y repetía, *"pero recibiréis poder, cuando haya venido sobre vosotros el Espíritu Santo, y me seréis testigos hasta en San Juan, Puerto Rico. ¡Oh, Aleluya!"* Que hermoso cuando atesoramos la Palabra de Dios y la recordamos en estos

momentos. La doctora tomó mi récord médico en las manos, pasaba las hojas de un lado a otro, como quien busca algo que no encuentra y necesita encontrar. Se detuvo y le preguntó a la asistente: *"¿Tú estás segura que este es el récord médico de ella?"* A lo cual la asistente le contestó: *"Sí doctora. Mire, ahí están los resultados de las pruebas que le hicimos en Fajardo y aquí están los resultados de las que se hicieron aquí".* La doctora me miró y dijo: *"es que esto es increíble, estas pruebas reflejan que todo está bien, no hay nada de lo que vimos en la prueba anterior".* Acto seguido me preguntó: *"¿Tú te echaste las gotas que yo te receté?"* Recuerdo que sonreí, y le contesté: *"Ni una sola. Créalo, si esto fue posible, es porque Dios me sanó".* Para la gloria y la honra de su nombre, testifico que Dios es experto en hacer maravillas, no porque yo sea merecedora de su gracia, sino porque a Él le place hacer como quiere. Para Él siempre será toda gloria, toda honra y honor.

"y lo vil del mundo y lo menospreciado escogió Dios, y lo que no es para deshacer lo que es a fin de que nadie se jacte en su presencia. Mas por él estáis vosotros en Cristo Jesús, el cual nos ha sido hecho por Dios sabiduría, justificación, santificación y redención, para que como está escrito: El que se gloría, gloríese en el Señor"
(1 Corintios 1:28-31).

Sus cuidados

Echando toda vuestra ansiedad sobre él, porque él tiene cuidado de vosotros. 1Pedro 5:7

Los cuidados de Dios son constantes, abundantes e inexplicables. Desde las orquídeas que florecen con colores espectacularmente radiantes, los árboles que producen fruto y deleitan nuestro paladar, hasta la cosecha de lo que he sembrado y que Dios me ha permitido cultivar.

Les daré testimonio de otra petición contestada. Tuve un gran amigo, compañero y cuidador fiel por doce años, su nombre era Trébol. Ese hermoso perro llegó a mi vida incidentalmente, pues fue un regalo que le hicieron a mi hijo mayor. Mi hijo decidió mudarse a los Estados Unidos y Trébol se quedó conmigo. Era un labrador amarillo hermoso, tenía una cola muy larga que balanceaba de un lado a otro con mucho gozo cuando escuchaba mi voz y cuando me veía. Rompió 25 almohadones para dormir hasta que por fin hallé uno que le encantó.

Conocía el sonido de mi auto y respondía a mi voz con humildad y respeto. Jamás consideré ser testigo de tanta fidelidad y llegó Trébol. Hubo un momento en que la tristeza que produjo la ruptura de mi hogar me agobió.

Recuerdo que tenía una bicicleta de ejercicio y una "stepper" en la terraza. Llegaba del trabajo y hacía ejercicio en un intento de sentirme mejor. Al terminar los ejercicios me sentaba en un banco y comenzaba a llorar. Mi amigo fiel, Trébol, alzaba sus dos patas delanteras y las colocaba sobre mis hombros, me abrazaba y ponía su cara junto a la mía. Permanecía ahí, abrazado a mí, hasta que yo dejaba de llorar. Me salvó la vida en varias ocasiones; una fue cuando sufrí un episodio de hipoglucemia y no pude llegar a la nevera para buscar un jugo; caí de frente con todo mi peso sobre el lado izquierdo. Él comenzó a lamer mi rostro y me mantuvo despierta hasta que llegó mi hijo Carlos y me ayudó. Me han dicho que no les atribuya características humanas a las mascotas, pero difiero de este pensamiento. Lo único que no podía hacer Trébol era verbalizar lo que sentía, pero muy bien sabía demostrarlo.

En otra ocasión, mientras mi hija estudiaba y trabajaba, yo cuidaba a mi nieto y una mañana me quedé dormida a su lado. Lo que voy a escribir ahora, lo sé porque mi hija fue testigo de lo ocurrido. Cuando mi hija llegó de la universidad a la casa, yo estaba convulsando, como resultado de un episodio

de hipoglucemia que surgió mientras dormía, y mi amigo fiel mantenía a mi nieto seguro en la cama con una de sus patas sobre las piernas y la otra sobre el pañal. Posiblemente este relato te parezca insólito, pero cada vez que lo digo, afirmo mi convicción de que Dios cuida a sus hijos de maneras inimaginables. Conociendo cuánto pueden afectar a una persona diabética los episodios de hipoglucemia, siempre que oro, le pido a Dios que tenga cuidado de mí y de todos los que padecen esta enfermedad.

Vivimos tan ajorados que muchas veces pasamos por alto reconocer que nada nos ocurre por casualidad. Que al salir de la casa no encuentres tus llaves, o que se te hayan olvidado las llaves del carro y tengas que regresar y abrir la puerta para buscarlas, o que al salir en la mañana una llanta de tu vehículo esté ponchada y tengas que cambiarla, no es casualidad. Dios cuida de nosotros y nos lo demuestra cada día. Antes yo decía que ni una hoja se movía si no era la voluntad de Dios y no es incorrecto decirlo; lo incorrecto es citarlo porque lo has oído de alguna persona y piensas que eso tiene que aparecer en algún lugar en la Biblia. He aprendido y ahora puedo decir que: *"El Señor hace todo lo que quiere, en los cielos y en la tierra, en los mares y en los abismos profundos" (Salmos 135:6 RVC).*

¡Observa, medita y agradécele sus cuidados!
Son muchos más que los que te puedas imaginar.

¡Sé libre!

"El Espíritu del Señor está sobre mí, Por cuanto me
ha ungido para dar buenas nuevas a los pobres; Me
ha enviado a sanar a los quebrantados de corazón;
A pregonar libertad a los cautivos, Y vista a los
ciegos; A poner en libertad a los oprimidos;"
Lucas 4:18

Este mismo pasaje bíblico se encuentra en el libro de Isaías 61:1 Es el mensaje de las buenas nuevas de salvación. En uno de los capítulos anteriores, mencioné que fue declarada sobre mí palabra de maldición, tanto en el momento en que nací, como años después. A medida que crecía y no hacía las cosas como se esperaba, escuchaba el "maldita sea" de algunas personas en mi familia que, en mi opinión, no tenían el conocimiento bíblico de que: *"la lengua puede traer vida o muerte; los que hablan mucho cosecharán las consecuencias"* (Proverbios 18:21 NTV). El enemigo, a quien no me gusta darle crédito, es astuto, usa estas mentiras para apoderarse de

nuestra mente; en ocasiones, las albergamos en nuestro corazón y nos encontramos diciendo cosas como: *"es que yo soy así, porque mi familia era así y tengo esa maldición encima"*. Si este ha sido tu pensar en algún momento, o está siendo tu pensar te pido ahora mismo, ¡DETENTE!

Nos enseña Ezequiel 18:20 DHH, que: *"Solo aquel que peque morirá. Ni el hijo ha de pagar por los pecados del padre, ni el padre por los pecados del hijo. El justo recibirá el premio a su justicia; y el malvado, el castigo a su maldad"*. La salvación es individual, no es heredada ni es transferible. El regalo de la vida eterna se encuentra en Cristo Jesús, quien lo pagó en la cruz a precio de sangre. La transformación que el Señor quiere hacer en tu vida estará guiada por el Espíritu Santo. La alcanzamos acercándonos a Dios y estableciendo un vínculo de relación personal con Él. Es necesario que el que se acerca a Dios crea que le hay (que existe), y que es galardonador de los que le buscan. Acércate para ser galardonado con una bendición que te quiere ser dada… ¡la bendición de la libertad! ¡Acéptala! ¡Sé Libre!

Te invito en este momento a buscar un papel y un bolígrafo. Escribe ahí todo pensamiento de maldición que has oído y has adoptado como si te perteneciera porque ha sido transferido de generación en generación. Esas cosas que piensas y aun sabiendo que no son correctas, has aceptado porque crees que así es como debe ser, porque es lo que te ha tocado

vivir. Cancela esos pensamientos. Llévalos a Dios en oración y entrégaselos. Ahora coge el papel y rómpelo en tantos pedacitos como puedas, si tienes una trituradora de papel mejor, tritúralos. Échalos al zafacón y sal de ellos. Dios quiere ayudarte y quiere que le conozcas. Dale la oportunidad.

"He aquí, yo estoy a la puerta y llamo; si alguno oye mi voz y abre la puerta, entraré a él y cenaré con él y él conmigo" (Apocalipsis 3:20).

"Ya no será necesario que unos a otros, amigos y parientes, tengan que instruirse para que me conozcan, porque todos, desde el más grande hasta el más pequeño, me conocerán. Yo les perdonaré su maldad y no me acordaré más de sus pecados. Yo, el Señor, lo afirmo" (Jeremías 31:34 DHH).

Dios me sanó;
¡soy feliz!

"Y he aquí, dos de ellos iban el mismo día a una
aldea llamada Emaús, que estaba a sesenta estadios
de Jerusalén. E iban hablando entre sí de todas
aquellas cosas que habían acontecido.
Lucas 24:13-14

Había escuchado hablar del retiro Caminata
de Emaús por varios hermanos de mi familia
extendida en Cristo que habían participado. Me
llamaba mucho la atención el hecho de que, aunque
hablaban de sus experiencias, no abundaban en los
detalles de las dinámicas del retiro como tal. Oraba
pidiéndole a Dios la oportunidad de participar de esta
experiencia. Así que, llené una solicitud, la entregué
a mi pastor y continúe orando. En el mes de enero del
2019 me llegó una carta notificándome que había sido
seleccionada para participar en la caminata número

73 de Emaús para damas, con instrucciones específicas de lo que debía y no debía llevar. ¡Qué gran noticia! No tenía idea de cómo era la dinámica, pero estaba dispuesta y animada por asistir a este gran retiro. Tenía una petición muy especial en oración delante del Señor para que me permitiera publicar mi testimonio de libertad en un libro al que ya había asignado nombre. Pedí que confirmara su voluntad de hacer posible el anhelo que hace años he llevado delante de Él, respondiendo a ese sueño que Él puso en mi corazón. Al llegar, nos recibieron en un salón amplio y luego de varias dinámicas, nos asignaron los cuartos y la persona con la que compartiríamos ese cuarto desde el 14 al 17 de febrero.

Creo firmemente que en Dios no hay casualidades, su plan siempre es perfecto y su voluntad es agradable y perfecta. Allí conocí a mi hermana Carmela Ramos, con quien compartí la habitación que nos fue asignada; ¡qué gran ser humano! Dios comenzó por confirmarme que las situaciones por las que pasamos son la escuela donde aprendemos a tener una palabra de aliento e interceder en oración por otros. Conocí también a mis hermanas y compañeras de la mesa de Rut: Nancy, Eglae, Melba, Nivea, Ana, Alexandra y Carla. Cada una con un testimonio de fe poderoso, humildes, talentosas, sinceras, con corazones sanados o en proceso de ser sanados por Dios. ¡Qué mucho aprendí de todas y qué grandes lecciones de compasión, de perseverancia, de arduo trabajo, de

fe, de amor, de agradecimiento, de restauración, de creatividad y de disposición me enseñó Dios!

Allí experimenté una paz inmensa y cada actividad me llevaba a vivir en un mayor grado el gran amor de Dios por mí. Recibí 20 cartas que quiero compartir con ustedes. En ellas Dios contestó mi petición y me confirmó que ya no debía esperar más para completar lo que has leído aquí. Con ellas resumo este escrito y continúo en una de mis más importantes gestiones de "el cuarto día". El cuarto día es la continuidad de todo lo que ocurre luego de las 72 horas de retiro; es mi afirmación de que yo cuento con Cristo y Cristo cuenta conmigo. Confío en que esta obra sea testimonio para cada lector de que el amor de Dios tiene el poder de transformar nuestras vidas. Deseo que creas y confíes que, si ponemos nuestras vidas en sus manos, Él llenará cada vacío e inundará nuestro ser de su plenitud. Dios te ama y está esperándote para transformar tu vida. Que de mendigo pases a ser un hijo o hija del Rey de reyes, o sea, un príncipe y princesa de su reino.

"Por Jehová son ordenados los pasos del hombre, Y él aprueba su camino. Cuando el hombre cayere, no quedará postrado, Porque Jehová sostiene su mano" (Salmos 37:23-24).

Hoy no tengo duda de lo que Dios quiere hacer y de cuán atento estaba a mi petición. Dios suele

mostrarme el gran nivel de detalle que tiene conmigo. Te comparto que, después de tanto tiempo, decidí ir a ver una psicóloga, porque quería explorar el avance en mi proceso de sanidad interior. Hace muchos años había intentado visitar un psicólogo y como llegué llorando y no podía detener el llanto, me refirió a un psiquiatra que intentó internarme. Salí de allí corriendo, prometiéndome a mí misma que buscaría la ayuda de Dios. Así que, en marzo del 2019, dialogué con mi cuñada, a quien amo mucho y la considero como mi hermana. Ella me dio el número de la Dra. Lis Milland y me convenció de que fuera a verla. Mi primera cita fue el 12 de julio de 2019. Llegué y me encontré con esta mujer hermosa, por dentro y por fuera, con presencia y autoridad de Dios, con un corazón lleno de felicidad y amor. Dialogué con ella y luego de contestarle varias preguntas, le expresé cómo me sentía. Cuando terminé de hablar, ella me estaba mirando fijamente, hubo unos segundos de silencio y luego me dijo: *"Tú eres un milagro de Dios. ¿Cuándo vas a escribir el libro?"*

Saben, Dios tiene unas maneras asombrosas de confirmar lo que está en su voluntad y una gracia magistral para sorprenderme.

Anhela sorprenderte a ti también… ¿Se lo permites?

CARTAS

A Lillian Magaly:

Antes que nada, quiero agradecer el hermoso privilegio de llegar a conocerte. En el tiempo que he tenido de compartir contigo he visto a una mujer maravillosa, valiosa en gran manera y amada inmensamente por nuestro Señor. Tu generosidad y servicio, tu pasión por alabar a nuestro Dios y trabajar en su obra, tu entrega, tu corazón sensible, son ejemplo digno de imitar. Eres una guerrera del Reino. Has pasado por circunstancias sumamente difíciles y dolorosas, pero has vencido de la mano de nuestro Rey; y seguirás venciendo. Hay lágrimas, gritos del alma, y quizás otras cosas que intentan ahogar el corazón pero al Amor del Señor no lo podrán apagar las muchas aguas ni lo ahogarán los ríos...

Eres parte del ejército que ha sido llamado para proclamar las buenas nuevas en este tiempo. Así que no sueltes el escudo de la fe y mantente en marcha con la cabeza en alto. Que el Señor sea siempre tu guía, tu fortaleza, tu sustento, tu torre fuerte, tu roca...Le pido al Señor que te llene de su paz, te dé sabiduría, discernimiento, y todo lo que Él quiera darte para equiparte de manera que se cumpla su propósito para ti y puedas cumplir el propósito de bendición para el cual el Señor te ha llamado para aquellos que vas a encontrar a tu alrededor. Aquellos otros que el Señor ha puesto y pondrá en tu camino. Mujer virtuosa y hermosa del Señor, sigue sonriendo y testificando y amando porque con eso alcanzas el corazón de los que te rodean; de los que te ven, te escuchan y sienten a través de ti, la transformación de amor que el Señor puede hacer en nuestra vida.

Te amo en el Amor de nuestro Señor Jesucristo,

Iris A. Trinidad Ginés

(Tati)

Praise the Lord anyhow.

A Lillian Magaly:

Antes que nada, quiero agradecer el hermoso privilegio de llegar a conocerte. En el tiempo que he tenido de compartir contigo he visto a una mujer maravillosa, valiosa en gran manera y amada inmensamente por nuestro Señor. Tu generosidad y servicio, tu pasión por alabar a nuestro Dios y trabajar en su obra, tu entrega, tu corazón sensible, son ejemplo digno de imitar. Eres una guerrera del Reino. Has pasado por circunstancias sumamente difíciles y dolorosas, pero has vencido de la mano de nuestro Rey; y seguirás venciendo. Hay lágrimas, gritos del alma, y quizás otras cosas que intentan ahogar el corazón, pero al amor del Señor no lo podrán apagar las muchas aguas ni lo ahogarán los ríos.

Eres parte del ejército que ha sido llamado para proclamar las buenas nuevas en este tiempo. Así que no sueltes el escudo de la fe y mantente en marcha con la cabeza en alto. Que el Señor siempre sea tu guía, tu fortaleza, tu sustento, tu torre fuerte, tu roca... Le pido al Señor que te llene de su paz, te dé sabiduría, discernimiento, y todo lo que Él quiera darte para equiparte de manera que se cumpla su propósito para ti y puedas cumplir el propósito de bendición para el cual el Señor te ha llamado para aquellos que vas a encontrar a tu alrededor. Aquellos otros que el Señor ha puesto y pondrá en tu camino. Mujer virtuosa y hermosa del Señor, sigue sonriendo y testificando y amando porque con eso alcanzas el corazón de los que te rodean; de los que te ven, te escuchan y sienten a través de ti, la transformación de amor el Señor puede hacer en nuestra vida.

Te amo en el Amor de nuestro Señor Jesucristo,
Iris A. Trinidad Ginés (Tati)

3 de febrero 2019

¿No arderá nuestro corazón en nosotros, mientras nos hablaba en el camino, y cuando nos abría las Escrituras?
Lc. 24:32

Confianza

Cuando vas escribir tu camino y se tengan apoyo en Él, cuando aciertas incierta tu destino, espera en el Señor.

Cuando soplan los frías aquilones y suya contra ti la tempestad, y te angus separes murmuras, espera en su Bondad.

El universo entero está en su poder, todo obedece su potente voz, Él, sobre todo y la tierra en su mano.

Espera en el Señor.
(Carlos Araoma)

Mi amada hermana y amiga ¡Dios te bendiga!

Te dejo este poema porque encierra lo que deseo expresarte.

Es mi deseo que tengas una experiencia con nuestro Señor, como nunca la has tenido.

Que este retiro sea uno donde salgas rebosante de la presencia de nuestro Señor.

Con cariño,
Te abrazo en Cristo.
Blanca I. Rosado

3 de febrero de 2019

¿No ardía nuestro corazón en nosotros, mientras nos hablaba en el camino, y cuando nos abría las Escrituras? Lc.24:32

Confianza
Cuando veas oscuro tu camino y no tengas apoyo en derredor, cuando sientas incierto tu destino, espera en el Señor. Cuando soplan los fieros aquilones y ruja contra ti la tempestad, y te cerquen espesos nubarrones, espera en Su Bondad.
El universo entero está en Su mano, todo obedece Su potente voz; Él, de los cielos y la tierra es soberano, Espera en el Señor.
(Carlos Araujo)

Mi amada hermana y amiga.
¡Dios te bendiga!
Te dejo este poema porque encierra lo que deseo expresarte.
Es mi deseo que tengas una experiencia con nuestro Señor, como nunca la has tenido.
Que este retiro sea uno donde salgas rebosando de la presencia de nuestro Señor.

Con cariño.
Un abrazo en Cristo.
Blanca L. Rosado

13/febrero/19.

Carta para hna. Lillian Magallie   Humacao, P.R.

Hna. Lilliam M....
Doy Gracias a Dios, porque eres parte esencial de Nuestra
Congregación.
El Señor cada Día, deposita en tus manos ministerios para que trabajes
llenando de Bendiciones al Necesitado de Su Palabra. Reconocemos
como miembro activo, de este cuerpo, como Dios ha marcado a
muchas personas a través de tu crecimiento Espiritual. Eres una
guerrera de Vanguardia en los Caminos de la Cruz. Hermana, sigue
adelante y en VICTORIA, dando la milla extra... Corriendo la buena
Carrera de la Salvación. Has sido marcada con el Sello del Espíritu Santo
para que no Cese Tu ADORACIÓN y Alabanzas al Rey(Jesús)...Al retirarte
das un SÍ profundo y un paso a la Victoria. Hoy has comenzado ha
Aportar la Semilla, para que comience la Cosecha a la Vida Eterna...
Felicidades Sierva de Dios..."El Cielo es el Límite y tienes una Llave."...
Dios te continúe Bendiciendo en tu Caminar y Crecimiento...

Un Abrazo Fraternal... Arturo

PD. Los sencillos y humildes a la Voz del Señor, arrebatan el Cielo... y tu
Lillian, eres parte de estos.

13/febrero/19.

Carta para hna. Lillian Magallie
Humacao, P.R.

Hna. Lilliam M….
Doy Gracias a Dios, porque eres parte esencial de
nuestra congregación.
El Señor cada día, deposita en tus manos ministerios
para que trabajes llenando de bendiciones al necesitado
de Su Palabra. Reconocemos como miembro activo,
de este cuerpo, como Dios ha marcado a muchas
personas a través de tu crecimiento Espiritual.
Eres una guerrera de vanguardia en los caminos de la
cruz. Hermana, sigue adelante y en VICTORIA,
dando la milla extra…Corriendo la buena carrera de la
salvación. Has sido marcada con el sello del Espíritu
Santo para que no cese tu ADORACIÓN y Alabanzas
al Rey (Jesús)…Al retirarte das un sí profundo y un
paso a la victoria. Hoy has comenzado ha aportar la
semilla, para que comience la cosecha a la vida
eterna…
Felicidades sierva de Dios… "El cielo es el límite y
tienes una llave." …Dios te continúe Bendiciendo en
tu caminar y crecimiento…
Un abrazo fraternal… Arturo
PD. Los sencillos y humildes a la voz del Señor,
arrebatan el cielo…y tú, Lillian, eres parte de estos.

DATE 2/13/2019

Amada Lillian Magallie,

¡No te puedes imaginar lo feliz que me siento de que esté realizando y ya casi culminando la caminata! ¡Y tú también!

Estoy casi segura de que tus palabras para mí (TU TUTORA, LOL) van a ser: "Hna, esto es otra cosa", pero que COSA MARAVILLOSA.

He orado constantemente para que ciertamente tu experiencia sea a otro nivel. Ahora vamos a poder hablar de ese fruto abundante. El caminar diario con Jesús no mejora día a día y esa caminata que has realizado va a hacer el camino que ya tan bien trazado has mantenido con Cristo pero abre siete obras, perspectivas y con nuevos bríos.

He sentido llegada a ser tu tutora para mí ___ ha sido una experiencia diferente porque es la 1ra vez que soy tutora de alguien.

Sé que cada una de las pláticas son extraordinarias y cada una nos llevan a nuevas dimensiones de encuentro con Dios.

Recuerda:
① Da prioridad las estaciones en nuestras vidas reconociendo a de Cristo maravilloso como lo PRIMERO, EL ALFA, con El poder realer pelear en peleas y lo que llegará en el tiempo perfecto.

DATE 2/13/19

② Disfruta de la gracia anticipada de Dios.
Disfruta saber que Dios está contigo desde antes
de tu nacimiento y que su intención y
será mantener una relación de amistad con
nosotros. Amar ser espiritual, conectar
con Dios desde el principio. Tú estabas en
sus planes.

③ Su sacerdocio y representar a Dios ante el mundo
eres un claro ejemplo de cómo tú como creyente
estás trabajando para que Cristo sea una realidad
para otras personas a través de la Educación
Cristiana. Sé que brillas en cualquier lugar
en que estés para Cristo, pues como educadora
en nuestra Iglesia eres esa luz de Esperanza.
Se cultiva profundamente y según
ravos para que se real ___ es
algo desesperado extraordinario.

④ La Gracia de Dios que justifica
Dios nos ama porque es Dios y nosotros somos
su Creación.
Lilian recuerda que solo Dios ha
sabido mantener su amistad que dura
por siempre.

⑤ La vida escritura a lo que brinda
libertad a nuestro ser y única e ___
⑥ Dios continua enseñándote su camino
a través de sus medios de gracia

Lilian
Sé excelente, siempre de Dios, que la
voz del amado sea tu mayor y único
amor. Sé favorita de Cristo y
continua como discípula nuestras
maravillosas lógicas del maestro para
contribuir en el cambio que el mundo
necesita. Dios quiere que seamos
perseverante.
Recuerda que siempre tendremos
disponible un 4to día.

"Todo lo podemos en cristo, que nos fortalece" Fil 4:13
El Señor nos fortalece y siempre quiere bendecirnos porque
¡CRISTO CUENTA CONTIGO!

¡¡DE COLORES!!!

con todo mi amor, su futura,
Wilma Enid Ifranse Pérez

2/13/2019

Amada Lillian Magallie:

¡No te puedes imaginar lo feliz que me siento de que estés realizando y ya casi, culminando la Caminata de Emaús!

Estoy casi segura de que tus palabras para mí (TU TUTORA; LOL) van a ser: "Hna.: esto es otra cosa", pero QUÉ COSA MARAVILLOSA".

He orado constantemente para que ciertamente tu experiencia sea a otro nivel. Ahora vamos a poder hablar de ese tema abiertamente.

El caminar espiritual con Jesús nos renueva día a día y esa caminata que has realizado van a marcar el camino que ya tan bien trazado has mantenido con Cristo, pero ahora desde otras perspectivas y con nuevos bríos.

Me he sentido honrada al ser tu tutora, para mí también ha sido una experiencia edificante porque es la 1ra vez que soy tutora de alguien.

Se que cada una de las pláticas son extraordinarias y cada una nos lleva a nuevas dimensiones de encuentro con Dios.

Recuerda:

1. Las prioridades las establecemos en nuestras vidas reconociendo a ese Cristo maravilloso como lo PRIMERO, EL ALFA, con Él podemos escalar peldaño a peldaño y lo demás llegara en el tiempo perfecto.

2. Disfruta de la gracia anticipante de Dios. Disfruta saber que Dios está contigo desde antes de tu nacimiento y que su intención es y será mantener una relación de amistad con nosotros. Somos seres individuales conectados con Dios desde el principio TÚ ESTABAS EN SUS PLANES.

3. Tu sacerdocio y representar a Dios ante el mundo. Eres un digno ejemplo de cómo tú, como creyente, estás

trabajando para que Cristo sea una realidad para otras personas a través de la Educación Cristiana. Se que brillas en cualquier lugar en que trabajes para Cristo, pero como Educadora en nuestra Iglesia eres esa luz de Esperanza. Te admiro profundamente y seguiré orando para que ese real sacerdocio lo sigas desempeñando exitosamente.

4. La Gracia de Dios que justifica. Dios nos ama porque es Dios y nosotros somos su creación. Lillian recuerda que solo Dios da sentido de pertenencia en amistad que dura para siempre.

5. Esa VIDA ESPIRITUAL es lo que brinda totalidad a nuestro SER y nunca es rutina.

6. Dios continuarán enseñándote SU CAMINO a través de Sus medios de GRACIA.

Lillian:
Sigue adelante, SIERVA de Dios, sigue la voz del AMADO, de tu PRIMER Y ÚNICO AMOR. Sigue fiándote de Cristo y continuamente como 10 DISCÍPULA recibirás maravillosas enseñanzas del MAESTRO para contribuir en el cambio 11 que el mundo necesita. Dios necesita que seamos perseverantes.

Recuerda que siempre tendremos disponible un 4to DÍA "Todo lo podemos en Cristo, que nos fortalece" Fil. 4:13 El Señor nos fortalece y siempre quiere bendecirnos porque ¡CRISTO CUENTA CONTIGO!

¡¡¡DE COLORES!!!

Con todo mi amor, tu tutora,
Wilma Enid Figueroa Pérez

Amada hermana: __Lillian Cruz__

Que experiencia tan extraordinaria has tenido en estas 72 horas. Sé que de manera especial has visto como el Eterno Caminante te ha acompañado a lo largo de toda tu vida. Hoy puedes darte cuenta cuan gran amor de Dios para ti... ¿Puedes ver cuanto amor? Con amor eterno te he amado... aún antes de nacer ya Dios te amaba y cuidaba aunque no te dieras cuenta.

Ahora solo te resta seguir agarradita de la mano del Señor para que se cumplan en ti todos sus propósitos. Aprovecha cada una de las experiencias aquí vividas y transfórmalas en una poderosa herramienta para bendecir la vida de otros y otras que como tú necesitan que sea quitado de sus ojose el velo, para que puedan reconocer al Maestro en su camino. Hoy eres las manos, los pies, los oidos y la boca del Maestro; proclama, cree, adora y bendice con todo lo que ha depositado en ti y sobre ti nuestro Eterno Caminante.

Fue para mi un privilegio muy, muy hermoso el haber podido acompañarte en tu Caminata a Emaús y recuerda que en tu Cuarto Día puedes contar conmigo, que cuentas con Cristo, pero sobre todas las cosas nunca olvides que

¡CRISTO CUENTA CONTIGO!

En el amor de Aquel que nos llevó al encuentro en el camino.

Wanda I. Cotto Lebrón

Iglesia Metodista Charles W. Drees
Guayama, Puerto Rico

Amada hermana: Lillian Cruz

Que experiencia tan extraordinaria has tenido en estas 72 horas. Sé que de manera especial has visto con el Eterno Caminante te ha acompañado a lo largo de toda tu vida. Hoy puedes darte cuenta cuán grande amor de Dios para ti… ¿Puedes ver cuánto amor? Con amor eterno te he amado…aún antes de nacer ya Dios te amaba y cuidaba, aunque no te dieras cuenta.

Ahora solo te resta seguir agarradita de la mano del Señor para que se cumplan en ti todos sus propósitos. Aprovecha cada una de las experiencias aquí vividas y transfórmalas en una poderosa herramienta para bendecir la vida de otros y otras que como tú que sea quitado de sus ojos el velo, para que puedan reconocer al Maestro en su camino. Hoy eres las manos, los pies, los oídos y la boca del Maestro; proclama, crece, adora y bendice con todo lo que ha depositado en ti y sobre ti nuestro Eterno Caminante.

Fue para mi un privilegio muy haber podido acompañarte en tu Caminata a Emaús y recuerda que en tu Cuarto Día puedes contar conmigo, que cuentas con Cristo, pero sobre todas las cosas nunca olvides que ¡CRISTO CUENTA CONTIGO!
En el amor de Aquel que nos llevó al encuentro en el camino.

Wanda I. Cotto Lebrón
Iglesia Metodista Charles W. Drees Guayama, Puerto Rico

3 febrero 2019

Adorada Hermana
Lilliam Magaly

Damos Gracias a Dios, por ti, por
tenerte en nuestra iglesia. Eres un
ser especial. Dios es grande y llena
nuestras vidas. Es maravilloso con
sus bendiciones con su gran amor.
En el caminar encontramos dificultades,
situaciones dolorosas, y en momento pensamos
que mucho duele, pero Dios esta, y
estará ahi. siempre para nosotros,
Nuestra fe nos fortalecera y nos
guiara hasta que nos venga a
llevar o hasta que partamos con el.
Dios esta contigo; Te amamos.
Te fortalecera siempre Hermana.
Dios es amor. Eres un gran ejemplo
de Fe. y gran ser humano. ♡♡

Ennie Quiñones
Tatiana Ramos

3 febrero 2019

Adorada Hermana
Lillian Magaly

Damos gracias a Dios por ti, por tenerte en nuestra
iglesia. Eres un ser especial. Dios es grande y llena
nuestras vidas. Es maravilloso con sus bendiciones con
su gran amor.

En el caminar encontramos dificultades, situaciones
dolorosas, y en momento pensamos que mucho duele,
pero Dios está y estará ahí siempre para nosotros.
Nuestra fe nos fortalecerá y nos guiará hasta que nos
venga a llevar o hasta que partamos con Él.
Dios está contigo; te amamos.

Te fortalecerá siempre hermana.
Dios es amor. Eres un gran ejemplo de fe y gran ser
humano.

Annie Quiñonez
Johana Ramos

Amada Lillian Magallie:

Dios te bendiga y te guarde! Confío en que tengas una hermosa experiencia con la Caminata a Emaús y confío en que puedas recibir en estos tres días una buena parte de la consolación y la fortaleza que Dios tiene para ti.

En medio de tus luchas y tus batallas, que han sido muchas, hay un aspecto que siempre ha sido igual: Dios siempre ha estado presente. Dios ha tenido misericordia de ti y ha recogido tus lágrimas y te ha mantenido junto a Él.

Podrán venir tormentas más fuertes, inundaciones, terremotos o huracanes que de muchas maneras nos afecta, pero Dios siempre estará ahí. El es la fuente de tu fuerza y de tu paz. EL es el Dios que escogió morir por ti para que tuvieras vida, y vida en abundancia.

Doy gracias a Dios por tu vida y por todas las bendiciones que EL nos ha dado a través de ti. Has sido de gran bendición a mí personalmente, a mi casa, a la Iglesia y a todos los grupos que la forman. Sean los de la tercera edad, sean los niños, sean los jóvenes, o sean los adultos, todos y todas hemos sido bendecidos por Dios usándote a ti como instrumento de muchas maneras.

Hace muchos años atrás supe que eras una persona muy talentosa y sumamente creativa y dedicada. Cuan hermoso es ver esos talentos y creatividad puestos al servicio del Señor y ver el fruto de todo ese trabajo y empeño. confío en que Dios te sostendrá, enjuagará tus lágrimas y tu boca se llenará de risa!

Aun falta mucho por hacer y por ver, alrededor tuyo hay personas que conocen algo de ti, pero no todas tus historias. Tu testimonio de vida creo que debería ser escrito para que fuera de bendición a muchas otras personas más. Quizás no podemos llegar a todos los rincones del mundo directamente, pero una historia bien escrita, un testimonio documentado impacta a muchas personas y trabaja más allá de lo que nos podemos imaginar. Estoy seguro de que si decides llevar a cabo dicho proyecto tendrás muchas batallas, aun contigo misma, sobre que decir y como. Necesitaras mucha ayuda en el proceso y de seguro que enfrentaras cuestionamientos ante los cuales no sabrás como responder. Pero con Dios en el timón nuestra barca puede enfrentar los mares mas difíciles. Si decides abordarlo cuenta con nuestra ayuda.

Confío que puedas ver a tus nietos actuales y futuros e incluso a biznietos y puedas ver sobre ellos también las bendiciones de Dios y el cumplimiento de sus promesas. Siempre que oramos por ti, oramos por tus hijos y por tus nietos. Ellos están en las manos de Dios. Se que es difícil a veces cuando quisiéramos que cada uno y cada una pudieran ver con la misma o mayor claridad cuan grande es el amor de Dios para con ellos y ellas, pero nuestra oración es que sus ojos sean abiertos cada día, para que puedan ver y puedan sentir ese amor. Los milagros le tocan a Dios y cada día podemos ver nuevos milagros y nuevas cosas que a nosotros no se nos hubieran ocurrido pero que están en la mente de Dios. Nuestro trabajo es confiar en EL y hacer la obra que Él nos ordenó.

Como Dios es quien tiene el poder, el control, el dominio, y la potestad en todo; y como sabemos que EL siempre dice la verdad, y su verdad permanece aun cuando no la entendemos, confiamos entonces en lo que nos ha prometido, sabiendo que mucho se ha cumplido, se sigue cumpliendo y así mismo se seguirá dando todo lo que nos ha prometido. Sabiendo esto no nos preocupa que no sepamos ni siquiera lo que va a ocurrir mañana, pero echamos toda ansiedad sobre Él porque EL tiene cuidado de nosotros.

No tengas temor de preguntar, aun si sospechas que quizás no te guste la respuesta.

No tengas temor de alabar a Dios en medio de todo, aun si piensas que tu cantar no alcanza a los ángeles en el techo. No tengas temor de confiar en Dios y hacer su voluntad. El no tuvo temor de morir por ti en la cruz para darte vida.

confío en el Señor que cuida de ti, que te suplirá como lo ha hecho hasta ahora y mas aun en el futuro, todo lo que falte conforme a sus riquezas en gloria en Cristo Jesús. Filipenses 4:19

Dios te siga bendiciendo, te amamos, recibe nuestro abrazo!

En Cristo,

Tu Pastor,

Eugenio

Amada Lillian Magallie:

¡Dios te bendiga y te guarde! Confío en que tengas una hermosa experiencia con la Caminata a Emaús y confío en que puedas recibir en estos tres días una buena parte de la consolación y la fortaleza que Dios tiene para ti. En medio de tus luchas y tus batallas, que han sido muchas, hay un aspecto que siempre ha sido igual: Dios siempre ha estado presente. Dios ha tenido misericordia de ti y ha recogido tus lágrimas y te ha mantenido junto a Él. Podrán venir tormentas más fuertes, inundaciones, terremotos o huracanes que de muchas maneras nos afecta, pero Dios siempre estará ahí. Él es la fuente de tu fuerza y de tu paz. Él es el Dios que escogió morir por ti para que tuvieras vida, y vida en abundancia.
Doy gracias a Dios por tu vida y por todas las bendiciones que Él nos ha dado a través de ti. Has sido de gran bendición a mí personalmente, a mi casa, a la iglesia y a todos los grupos que la forman. Sean los de la tercera edad, sean los niños, sean los jóvenes, o sean los adultos, todos y todas hemos sido bendecidos por Dios usándote a ti como instrumento de muchas maneras. Hace muchos años atrás supe que eras una persona muy talentosa y sumamente creativa y dedicada. Cuán hermoso es ver esos talentos y creatividad puestos al servicio del Señor y ver el fruto de todo ese trabajo y empeño. ¡Confío en que Dios te sostendrá, enjugará tus lágrimas y tu boca se llenará de risa! Aun falta mucho por hacer y por ver, alrededor tuyo hay personas que conocen algo de ti, pero no todas tus historias. Tu testimonio de vida creo que debería ser escrito para que fuera de bendición a muchas otras personas más. Quizás no podemos llegar a todos los rincones del mundo directamente, pero una historia bien escrita, un testimonio documentado impacta a muchas personas y trabaja más allá de lo que podemos imaginar. Estoy seguro de que, si decides llevar a cabo

dicho proyecto tendrás muchas batallas, aun contigo misma, sobre qué decir y cómo. Necesitarás mucha ayuda en el proceso y de seguro que enfrentaras cuestionamientos ante los cuales no sabrás cómo responder. Pero con Dios en el timón nuestra barca puede enfrentar los mares más difíciles. Si decides abordarlo cuenta con nuestra ayuda. Confío en que puedas ver a tus nietos actuales y futuros e incluso a biznietos y puedas ver sobre ellos también las bendiciones de Dios y el cumplimiento de sus promesas. Siempre que oramos por ti, oramos por tus hijos y por tus nietos. Ellos están en las manos de Dios. Sé que es difícil a veces cuando quisiéramos que cada uno y cada una pudieran ver con la misma o mayor claridad cuán grande es el amor de Dios para con ellos y ellas, pero nuestra oración es que sus ojos sean abiertos cada día, para que puedan ver y puedan sentir ese amor. Los milagros le tocan a Dios y cada día podemos ver nuevos milagros y nuevas cosas que a nosotros no se nos hubieran ocurrido, pero que están en la mente de nuestro Dios. Nuestro trabajo es confiar en Él y hacer la obra que Él nos ordenó. Como Dios es quien tiene el poder, el control, el dominio, y la potestad en todo; y como sabemos que Él siempre dice la verdad, y su verdad permanece aun cuando no la entendemos, confiamos entonces en lo que nos ha prometido, sabiendo que mucho se ha cumplido, se sigue cumpliendo y así mismo se seguirá dando todo lo que nos ha prometido. Sabiendo esto no nos preocupa que no sepamos ni siquiera lo que va a ocurrir mañana, pero echamos toda ansiedad sobre Él, porque Él tiene cuidado de nosotros. No tengas temor de preguntar, aun si sospechas que quizás no te guste la respuesta. No tengas temor de alabar a Dios en medio de todo, aun si piensas que tu cantar no alcanza a los ángeles en el techo. No tengas temor de confiar en Dios y hacer su voluntad. El no tuvo temor de morir por ti en la cruz

para darte vida. Confío en el Señor que cuida de ti, que el suplirá como lo ha hecho hasta ahora y más aún en el futuro, todo lo que falte conforme a sus riquezas en gloria en Cristo Jesús.
Filipenses 4:19
Dios te siga bendiciendo, te amamos, ¡recibe nuestro abrazo!

En Cristo,
Tu Pastor,
Eugenio

A mi amada madre:

Una carta quedaría cortísima para poder expresar todo lo que representas y vales para mí, pero sí tomaré ésta oportunidad para dejarte saber lo importante que eres.

Comienzo con reconocer tu **valentía**, te enfrentaste a un mundo duro sola, sobrellevaste tantas cosas y todo lo hiciste por amor a mis hermanos y por amor a mí.

Sufriste, lloraste, pasaste hasta hambre y muchas otras cosas difíciles por nosotros para que nada nos faltara y a eso se le llama **sacrificio**, el cual todos los días lo comprendo cada vez más pues soy madre de dos hijos, tus nietos y no hay mejor posición para entenderte, que el ser mamá y saber cómo te sentiste y de todo lo que fuiste capaz por proteger nuestro bienestar. Y cabe mencionar, que hasta el día de hoy sigues ahí por nosotros a pesar de que seamos unos "manganzones", gracias por todo lo que haces por nosotros y para nosotros.

Eres una mujer **de FE, de ejemplo, de admirar y de reconocer**. Siempre llevo en mi corazón el orgullo de poder ser tu hija y de ser tu única niña. Y te doy las gracias porque me trajiste al mundo y si hoy vivo es gracias Dios y a ti.

Gracias por las innumerables veces que has dejado de ser tuya para ser de nosotros tus hijos y de la familia. Y aunque en muchas de las ocasiones nadie se acuerda de ser agradecido yo SI te doy las gracias por ser tan dada y dedicada por los seres que amas.

Gracias por las veces que me has perdonado, por que como hija imperfecta he cometido errores y has tenido **misericordia y compasión** de mí. También te pido perdón por qué sé que muchas veces no he sido la hija que debo de ser.

Gracias por tus consejos, por las veces que me has aplaudido un logro pero también por las veces que me disciplinaste por que no hice algo correctamente. Gracias por que por esa **disciplina** que desarrollaste en mí a través de los años, hoy día soy una mujer de bien y ejemplar para mis hijos y para los que me rodean.

Gracias por creer en mí y en mis inventos. Por ser mi primera opinión cuando intento algo nuevo, por ser mi apoyo cuando las cosas se tornan fuertes, por ser mi hombro cuando necesito descanso pero sobre todo gracias por ese amor tan infinito que me brindas cuando más sola y débil me he sentido, mi vida no es suficiente para agradecer todo lo que has dado x mí.

Gracias por ayudarme acercarme a Dios y por recordarme que ÉL siempre está ahí a mi lado. Gracias por estar presente en mis pérdidas, por consolarme y por decirme "todo va a estar bien". Por tus abrazos e inclusive por los "Te amo" que nos expresas, que aunque no lo creas, llenan y reinician mi vida y la de mis hijos, tus nietos.

Voy despidiéndome pero no sin antes decirte que eres mi **bendición**, que eres mi persona **favorita** en este mundo, que eres mi mejor amiga y que le pido a Dios incansablemente todos los días que te brinde **SALUD**, que bendiga tu vida y nos permita tenerte por muchos años más, para disfrutarte y para que veas mis logros cumplidos y a tus nietos crecer y verlos realizados.

Gracias por enseñarme lo que es el verdadero amor. El amor incondicional. El amor sin rencores. Ese es tu amor, el amor más parecido al amor que Dios nos tiene... el amor de una madre.

Te veo en casa, te amo.

Tu hija,

Zaudiannette Espada Cruz

A mi amada madre:

Una carta quedaría cortísima para poder expresar todo lo que representas y vales para mí, pero si tomaré esta oportunidad para dejarte saber lo importante que eres.

Comienzo con reconocer tu **valentía**, te enfrentaste a un mundo duro sola, sobrellevaste tantas cosas y todo lo hiciste por amor a mis hermanos y por amor a mí.

Sufriste, lloraste, pasaste hasta hambre y muchas otras cosas difíciles por nosotros para que nada nos faltara y a eso se le llama **sacrificio**, el cual todos los días lo comprendo cada vez más, pues soy madre de dos hijos, tus nietos y no hay mejor posición para entenderte, que el ser mamá y saber cómo te sentiste y de todo lo que fuiste capaz por proteger nuestro bienestar. Y cabe mencionar, que hasta el día de hoy sigues ahí por nosotros a pesar de que seamos unos "manganzones", gracias por todo lo que haces por nosotros y para nosotros.

Eres una mujer de **FE, de ejemplo, de admirar y de reconocer.** Siempre llevo en mi corazón el orgullo de poder ser tu hija y de ser tu única niña. Y te doy las gracias porque me trajiste al mundo y si hoy vivo es gracias a Dios y a ti. Gracias por las innumerables veces que has dejado de ser tuya para ser de nosotros tus hijos y de la familia. Y aunque en muchas de las ocasiones nadie se acuerda de ser agradecido yo **SI** te doy las gracias por ser tan dada y dedicada por los seres que amas.

Gracias por las veces que me has perdonado, porque como hija imperfecta he cometido errores y has tenido misericordia y compasión de mí. También te pido perdón porque sé que muchas veces no he sido la hija que debo de ser.

Gracias por tus consejos, por las veces que me has aplaudido un logro, pero también por las veces que me disciplinaste por que no hice algo correctamente.

Gracias por que por esa disciplina que desarrollaste en mí, a través de los años, hoy día soy una mujer de bien y ejemplar para mis hijos y para los que me rodean.

Gracias por creer en mí y en mis inventos. Por ser mi primera opinión cuando intento algo nuevo, por ser mi apoyo cuando las cosas se tornan fuertes, por ser mi hombro cuando necesito descanso, pero sobre todo gracias por ese amor tan infinito que me brindas cuando más sola y débil me he sentido, mi vida no es suficiente para agradecer todo lo que has dado por mí.

Gracias por ayudarme acercarme a Dios y por recordarme que ÉL siempre está ahí a mi lado. Gracias por estar presente en mis pérdidas, por consolarme y por decirme "todo va a estar bien". Por tus abrazos e inclusive por los "Te amo" que nos expresas, que, aunque no lo creas, llenan y reinician mi vida y la de mis hijos, tus nietos.

Voy despidiéndome, pero no sin antes decirte que eres mi **bendición**, que eres mi persona **favorita** en este mundo, que eres mi mejor amiga y que le pido a Dios incansablemente todos los días que te brinde **SALUD**, que bendiga tu vida y nos permita tenerte por muchos años más, para disfrutarte y para que veas mis logros cumplidos y a tus nietos crecer y verlos realizados.

Gracias por enseñarme lo que es el verdadero amor. El amor incondicional. El amor sin rencores. Ese es tu amor, el amor más parecido al amor que Dios nos tiene…el amor de una madre.

Te veo en casa, te amo.
Tu hija,
Zaudiannette Espada Cruz

Dios te bendiga mucho:

Que alegría al saber que estarías participando de esta experiencia. Es mi deseo que haya sido de inspiración y espero para renovar fuerzas. Quiero agradecerte por he liderado dentro de nuestra iglesia.

Sé que liderar y motivar a otros no es tarea fácil. Pero a pesar de los obstáculos y los momentos difíciles te has mantenido fiel y laborando. Gracias por eso!

Muchas bendiciones, espero pronto escuchar sobre las nuevas experiencias que has tenido con el eterno caminante.

Cristo cuenta contigo. y Yo sé que tu cuentas con Cristo.

¡De Colores!   Carmelo Ortiz

Dios te bendiga mucho:

Que alegría al saber que estarías participando de esta experiencia. Es mi deseo que haya sido de inspiración y espacio para renovar fuerzas. Quiero agradecerte por tu liderato dentro de nuestra iglesia. Sé que liderar y motivar a otros no es tarea fácil. Pero a pesar de los obstáculos y los momentos difíciles te has mantenido fiel y laborando. ¡Gracias por eso!

Muchas bendiciones, espero pronto escuchar sobre las nuevas experiencias que has tenido con el eterno caminante.

Cristo cuenta contigo. Y yo sé que tú cuentas con Cristo.

¡De Colores!

Carmelo Ortiz

Amada Lillian Magallie:

Mi hermana Amada y mi amiga muy especial. Hace mucho que nos conocemos pero creo que estos últimos años han sido los mejores. Verdaderamente te admiro tanto y se que el compromiso que tienes con el Señor es genuino y sincero. Gracias por inspirarme a cada día dar más de mí y a esforzarme en la obra del ministerio.

Siempre recuerdo que antes de que llegaras a nuestra iglesia nos encontramos en una panadería en Santa Isidra donde conversamos unos minutos. En aquel momento nos llenamos de alegría al verte y en nuestro corazón nació el deseo de que algún día nos visitaras en la iglesia. Y ese día llegó, qué alegría!!! Ha sido hermoso verte dando tus talentos al Señor, cantando, ministrando y adorando al Señor con todo tu corazón.

En este momento quiero recordarte que todo lo que has hecho por y para el Señor ha sido de mucha bendición para toda la iglesia. Gracias por tus largas horas dedicadas a prepararte para alguna actividad o a preparar algo para el culto. Gracias por las actividades que has organizado (ya perdí la cuenta) y has apoyado económicamente, pero desde la cena de Navidad, los campamentos de Verano, el ministerio de educación cristiana, las damas, la tercera edad, el ministerio de adoración, los títeres (que fabuloso!), adoración frente al mar, las meriendas para los niños, los salones de escuela bíblica, el pequeño rebaño, los detalles y más detalles... siempre lo más importante es la pasión que tienes y reflejas de que lo mejor debe ser para el Señor. Qué mucho tenemos que aprender de ti!!!

Ahora, recuerda que no tienes que hacerlo sola... tienes hermanos y hermanas dispuestos a trabajar mano a mano contigo. La iglesia te ama (yo también incluida) de manera Hermosa.

Recuerda que tu familia está en las manos del Señor, que Él seguirá obrando en sus vidas y que tus oraciones serán contestadas. Sigue descansando en los brazos de Aquel que un día los extendió para darte Salvación y levantar y sanar tu vida. Eres testimonio de las sanidades que Dios hace, así mismo serás testimonio de lo que Dios continuará haciendo a tu alrededor. Sigue Fiel, sigue valiente, sigue perseverando, sigue alegre, sigue apasionada, sigue luchando... la corona te espera en el cielo.

Te amo un montón,

Lydia

Amada Lillian Magallie:

Mi hermana amada y mi amiga muy especial. Hace
mucho que nos conocemos, pero creo que estos últimos
años han sido los mejores. Verdaderamente te admiro
tanto y sé que el compromiso que tienes con el Señor es
genuino y sincero. Gracias por inspirarme a cada día dar
más de mí y a esforzarme en la obra del ministerio.

Siempre recuerdo que antes de que llegarás a nuestra
iglesia nos encontramos en una panadería en Santa Isidra
donde conversamos unos minutos. En aquel momento
nos llenamos de alegría al verte y en nuestro corazón
nació el deseo de que algún día nos visitaras en la iglesia.
¡¡¡Y ese día llegó, que alegría!!! Ha sido hermoso verte
dando tus talentos al señor, cantando, ministrando y
adorando al Señor con todo tu corazón.

En este momento quiero recordarte que todo lo que has
hecho por y para el Señor ha sido de mucha bendición
para toda la iglesia. Gracias por tus largas horas
dedicadas a prepararte para alguna actividad o a preparar
algo para el culto. Gracias por las actividades que has
organizado (ya perdí la cuenta) y has apoyado
económicamente, pero desde la cena de Navidad, los
campamentos de verano, el ministerio de educación
cristiana, las damas, la tercera edad, el ministerio de
adoración, los títeres (¡que fabuloso!), adoración frente al
mar, las meriendas para los niños, los salones de escuela
bíblica, el pequeño rebaño, los detalles y más
detalles...siempre lo más importante es la pasión que
tienes y reflejas de que lo mejor debe ser para el Señor.
¡¡¡Qué mucho tenemos que aprender de ti!!!

Ahora, recuerda que no tienes que hacerlo sola...tienes
hermanos y hermanas dispuestos a trabajar mano a mano

contigo. La iglesia te ama (yo también incluida) de manera hermosa.

Recuerda que tu familia está en las manos del Señor; que Él seguirá obrando en sus vidas y que tus oraciones serán contestadas. Sigue descansando en los brazos de Aquel que un día los extendió para darte Salvación y levantar y sanar tu vida. Eres testimonio de las sanidades que Dios hace, así mismo serás testimonio de lo que Dios continuará haciendo a tu alrededor. Sigue fiel, sigue valiente, sigue perseverando, sigue alegre, sigue apasionada, sigue luchando…la corona te espera en el cielo.

Te amo un montón,

Lydia

Febrero 2019

Querida Lillian Magallie:

Eres una mujer valiente, luchadora, humilde, excelente madre y abuela pero sobre todo una mujer de Dios. Me siento muy afortunada de que Dios me haya permitido conocerte.

Estas haciendo un excelente trabajo con la niñez en nuestra iglesia. Ver a esos chiquitos contentos por ir a sus clases y ver cómo ha aumentado la cantidad de niños en las clases es de mucho regocijo. Igualmente los campamentos de verano se han convertido en toda una aventura gracias a tu dedicación y esfuerzo junto al equipo de trabajo que te ayuda. Y no puedo dejar de mencionar la biblioteca que es una parte muy importante de nuestra iglesia y que tanta falta hacía.

Siempre recuerdo un día en mi trabajo que se me había quedado la cartera y tú sin pensarlo 2 veces sacaste un billete de tu cartera y me dijiste:" toma para que puedas almorzar". Esos pequeños detalles te hacen un ser muy especial porque sé que has tocado muchas vidas con ese deseo genuino que tienes de ayudar a los demás. Eso es exactamente lo que Dios nos enseñó y lo que desea que hagamos, ¡¡Seguir su ejemplo!! Sé que a veces nos tocan pruebas fuertes y difíciles de enfrentar pero no dudes que Dios está contigo en todo momento. ¡¡Adórale!!! No dejes de cantar para Dios. Mientras más dura sea la prueba que más fuerte aún sea tu adoración. Eres un ejemplo a seguir y me siento muy afortunada de poderte llamar mi amiga y mi hermana en Cristo. Te quiero mucho!!!

Enid Rodríguez

Querida Lillian Magallie

Eres una mujer valiente, luchadora, humilde, excelente madre y abuela, pero sobre todo una mujer de Dios. Me siento muy afortunada de que Dios me haya permitido conocerte.

Estas haciendo un excelente trabajo con la niñez en nuestra iglesia. Ver a esos chiquitos contentos por ir a sus clases y ver como ha aumentado la cantidad de niños en las clases es de mucho regocijo. Igualmente, los campamentos de verano se han convertido en toda una aventura gracias a tu dedicación y esfuerzo junto al equipo de trabajo que te ayuda. Y no puedo dejar de mencionar la biblioteca que es una parte muy importante de nuestra iglesia y que tanta falta hacía.

Siempre recuerdo un día en mi trabajo que se me había quedado la cartera y tu sin pensarlo 2 veces sacaste un billete de tu cartera y me dijiste: "toma para que puedas almorzar". Esos pequeños detalles te hacen un ser muy especial porque sé que has tocado muchas vidas con ese deseo genuino que tienes de ayudar a los demás. Eso es exactamente lo que Dios nos enseñó y lo que desea que hagamos. ¡¡Seguir su ejemplo!! Se que a veces nos tocan pruebas fuertes y difíciles de enfrentar, pero no dudes que Dios está contigo en todo momento. ¡¡Adórale!! No dejes de cantar para Dios. Mientras más dura sea la prueba que más fuerte aún sea tu adoración. Eres un ejemplo a seguir y me siento muy afortunada de poder llamarte mi amiga y mi hermana en Cristo. ¡¡¡¡Te quiero mucho!!!!

Enid Rodríguez

Hola Mami,

Por donde comenzar? Primero le agradezco a Dios por verme dado la mejor madre del mundo, por darme una amiga incondicional como tu, si no lo sabías además de se mi madre te considero mi mejor amiga. Gracias por amarme y tener tanta paciencia conmigo, se que aveces no soy fácil. Le doy gracias a Dios por darme una madre sabia como tu, gracias por aconsejarme, por trabajar tan duro y hacer miles de sacrificios para echarnos adelante, gracias por las noches largas haciendo asignaciones y preguntarme Alberto Jose ya terminaste. Eres la única mujer que conozco con las fuerzas de 10 mujer maravilla, 10 hulk, 4 capitán America y 2 ironman, ósea eres mi super héroe.

Se que no lo digo con frecuencia pero te Amo mi vieja, y que Dios me permita tenerte muchos años mas para que podamos celebrar todos los logros que están por venir. Osea quizás otro nieto y varias otras cosas mas que si estas en el plan de Dios se cumplirán.

Love you tu hijo,

Alberto Jose Espada Cruz Goico Chacon desde la gran Popeya. LOL.

Love you viejita!

Lillian Magallie

Hola Mami,

¿Por dónde comenzar? Primero le agradezco a Dios por haberme dado la mejor madre del mundo, por darme una amiga incondicional como tú, si no lo sabías además de ser mi madre te considero mi mejor amiga. Gracias por amarme y tener tanta paciencia conmigo, sé que a veces no soy fácil. Le doy gracias a Dios por darme una madre sabia como tú, gracias por aconsejarme, por trabajar tan duro y hacer miles de sacrificios para echarnos adelante, gracias por las noches largas haciendo asignaciones y preguntarme: ¿Alberto José ya terminaste? Eres la única mujer que conozco con las fuerzas de 10 Mujer Maravilla, 10 Hulk, 4 Capitán América y 2 Ironman, o sea, eres mi súper héroe.

Se que no lo digo con frecuencia, pero te amo mi vieja, y que Dios me permita tenerte muchos años más para que podamos celebrar todos los logros que están por venir. O sea, quizás otro nieto y varias otras cosas más que si están en el plan de Dios se cumplirán.

Love you tu hijo

Alberto José Espada Cruz Goico Chacón desde la gran Popeya. LOL

Love you viejita!

Señora Magaley:

Proverbios 31: 10 dice
Mujer Virtuosa ¿quién
la hallará?
Porque su estima sobrepasa
largamente a las piedras
preciosas.
Gracias Magaley por
ser parte de mi familia
en la fe. Eres modelo
a seguir, tu testimonio,
tu amor al Señor y
amor al prójimo.

Una mujer guerrera
es la q. llora callada las
dolores de la vida y sonríe
como si no le doliera el
alma. Es la q. tropieza
cae, se levanta y con la
frente en alto continúa
siempre adelante.

esa eres tú. mi
teunera en la fé—
te amo y te admiro
tu teunera en Cristo

Sara

Liliam Magaly:

Proverbios 31:10 dice: Mujer virtuosa ¿Quién la hallara? Porque su estima sobrepasa largamente a las piedras preciosas.

Gracias Magaly por ser parte de mi familia en la fe. Eres modelo a seguir, tu testimonio, tu amor al Señor y amor al prójimo.

Una mujer guerrera es la que lleva callada los dolores de la vida y sonríe como si no le doliera el alma. Es la que tropieza, cae, se levanta y con la frente en alto continúa siempre adelante. Esa eres tú, mi hermana en la fe.

Te amo y te admiro

Tu hermana en Cristo

Sara

Saludos! Dios te Bendiga:

Espero hayas tenido muchas Experiencias
Inolvidables un este Retiro.

Dios tiene planes hermosos Contigo.
Deléitate asimismo un Jehová, y él te
Concederá las peticiones de tu Corazón!

Att:
Bendiciones! Idelisa
¡De colores!

¡Saludos! Dios te bendiga:

Espero hayas tenido muchas experiencias inolvidables en este Retiro.

Dios tiene planes hermosos contigo.

Deléitate asimismo en Jehová, y él te concederá las peticiones de tu corazón!

Att:

¡Bendiciones! Idelisa

¡De Colores!

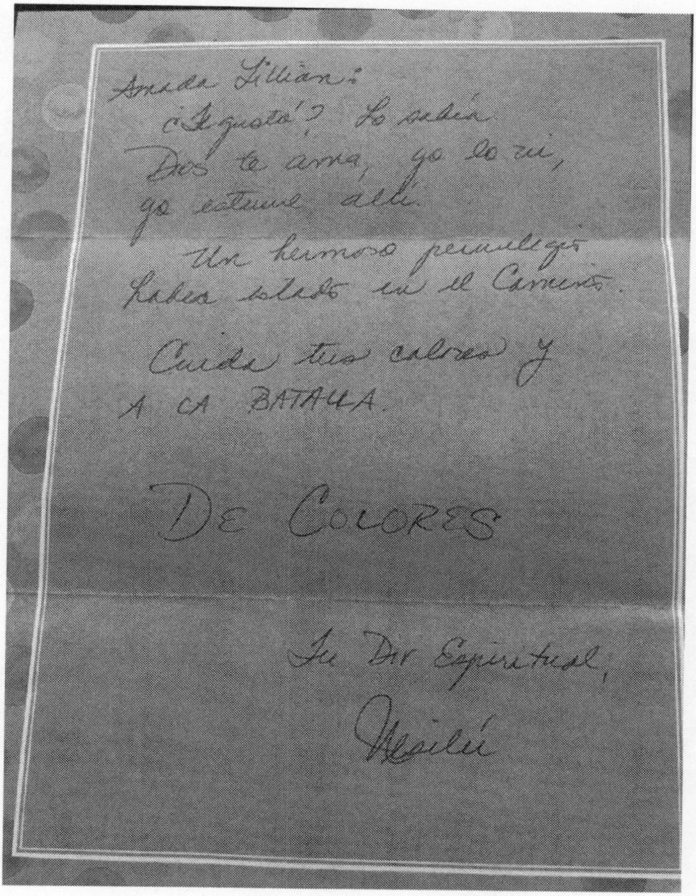

Amada Lillian:
¿Te gustó? Lo sabía.
Dios te ama, yo lo vi,
yo estuve allí.
Un hermoso privilegio
haber estado en el Camino.

Cuida tus colores y
A LA BATALLA.

DE COLORES

Tu Dir Espiritual,
[illegible]

Amada Lillian:

¿Te gustó? Lo sabía.

Dios te ama, yo lo vi, yo estuve allí.

Un hermoso privilegio haber estado en el Camino.

Cuida tus colores y A LA BATALLA.

DE COLORES

Tu Dir. Espiritual;

Nesilú

Amada hermana: Lillian Magaly

¡Bendiciones! Agradezco al Señor que te trajera hasta nuestra iglesia y que hoy formes parte activa de la misma. Has demostrado ser una sierva fiel, comprometida y apasionada con la obra. Tu entusiasmo es contagioso y tu fidelidad admirable.

Soy testigo de que el enemigo haya tratado de sacarte del camino, pero Jesús como el buen pastor que es, te toma de su mano y te dirige. Sé que ha habido tormentas fuertes en tu vida, que hay momentos de incertidumbre, pero sé que hay un Salvador llamado Jesús que te ayuda, que te sostiene. El Señor siempre está presto a ayudarnos en todo, jamás dudes eso.

Es nuestro deber mantenernos firmes, enfocados y viviendo cada día con la esperanza y el gozo de que habrá un día en que nos encontraremos con Él y le veremos en toda su gloria y esplendor. ¡Aleluya!

Es mi oración al Señor que en esta nueva jornada que estás a punto de emprender, sea fortalecido tu corazón y todo tu ser, que tu alma anhele cada día más la presencia del maestro y en tu caminar sean afirmados tus pasos. Al igual que en el camino a Emaús los discípulos no reconocieron a Jesús, debemos nosotros también de cuidarnos de no perder de vista al maestro; debemos andar nuestros caminos uniéndolo a Él siempre presente; Él prometió estar con nosotros todos los días de nuestras vidas. No me cabe duda que esta nueva experiencia será una bendición a tu vida y al mismo tiempo a nuestra iglesia. Que sean renovadas tus fuerzas, tu mente y tu espíritu.

Que el Señor continúe poniendo en tu corazón tanto el

querer como el hacer; ¡y que sobre todas las cosas sea su nombre glorificado!

Te ama grandemente en el Señor

Tu sista,

Sylvia

Mi querida hermana Lillian:

Durante los 4 años que te he conocido y hemos compartido en el amor del Señor te considero una persona comprometida y dispuesta para trabajar en la obra del Señor. Espero que ésta experiencia que estás viviendo te sirva de refrigerio y crecimiento espiritual para continúes tu búsqueda y acercamiento a las cosas espirituales.

Entiendo que tu testimonio y experiencias de vida pueden servir para edificación y fortaleza de otras vidas. Te exhorto a que sigas compartiendo el mismo para continuar demostrando las grandezas que Dios puede realizar en nuestras vidas.

Reconozco la gran labor que has y continúas realizando en la Obra del Señor, que ha sido de bendición para muchas vidas. Gracias por tu trabajo incondicional en la Obra del Señor.

Mira que te mando que te esfuerces y seas valiente; no temas ni desmayes, porque Jehová tu
Dios estará contigo en dondequiera que vayas.

Josué 1:9

BENDECIDA

Tu hermana en Cristo,

Ivelisse Algarín

Mi querida hermana Lillian:

Durante los 4 años que te he conocido y hemos compartido en el amor del Señor te considero una persona comprometida y dispuesta para trabajar en la obra del Señor. Espero que esta experiencia que estás viviendo te sirva de refrigerio y crecimiento espiritual para continúes tu búsqueda y acercamiento a las cosas espirituales.

Entiendo que tu testimonio y experiencias de vida pueden servir para edificación y fortaleza de otras vidas. Te exhorto a que sigas compartiendo el mismo para continuar demostrando las grandezas que Dios puede realizar en nuestras vidas.

Reconozco la gran labor que has y continúas realizando en la obra del Señor, que ha sido de bendición para muchas vidas. Gracias por tu trabajo incondicional en la obra del Señor.

Mira que te mando que te esfuerces y seas valiente; no temas ni desmayes, porque Jehová tu Dios estará contigo en dondequiera que vayas. Josué 1:9

BENDECIDA

Tu hermana en Cristo,

Ivelisse Algarín

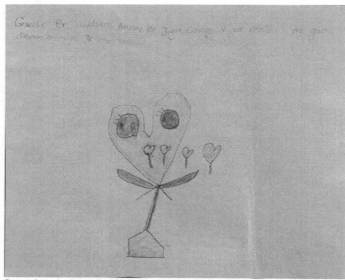

Carta de mi nieto, Gaddyell José. Tiene una manera muy particular de representar a Jesucristo, su amor y como nos acerca a su corazón

Carta de mi amada nieta Zaulianyx, le encanta representar la familia y el amor de Dios usando corazones

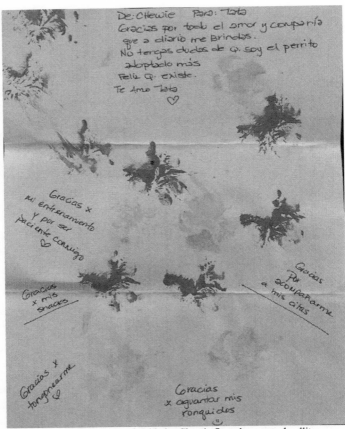

No podía faltar una nota de mi cuidador Chewie firmada con sus huellitas.

Made in the USA
Columbia, SC
07 January 2020